晉南北朝隋唐俗佛道爭論中之政治課題

孫廣德著

中華書局印行

自序

向之談吾國政治思想者，多致力於聖經賢傳與大儒著作之研究，於民間宗教信仰，則頗少探求。實則，就其影響作用言，民間宗教信仰，或較聖經賢傳與大儒之著作，更爲廣大深遠。漢魏而後，吾國民間信仰，最普遍者，曰佛與道。佛道皆在出世，本與政治頗少相涉。然而既求出世，則其教義與禮儀，必與傳統之聖賢之敎相背。佛教來自異域，自更難與聖教相容，勢必相互非難。佛道之間，爲求各自生存發展，亦必相互排斥。而俗佛道相互非難排斥之時，爲求自衞獲勝，每援引政治權威，致爭論之中，多涉政治課題；而其爭論，即表現爲政治思想。

俗佛道間之爭論，以晉南北朝隋唐期間最爲激烈。蓋此前佛道尚未盛行，其教義亦未闡揚，故影響不大，彼此衝突亦不甚明顯。此後則漸趨融合，共存並行，故無須爭論；即有爭論，亦較緩和；且所爭要點皆不出前時範圍，所持理由亦與前時大致相同。本書研究俗佛道間爭論之政治課題，於時間上起自晉而終於唐，其理由在此。

晉南北朝隋唐期間，俗佛道相爭之言論，多輯於梁釋僧祐撰弘明集、唐釋道宣集廣弘明集，與清嚴可鈞輯全晉文、全梁文、全北周文及全隋文等書中，本書即據之以爲主要資料。此外，亦參考有關各代之正史及前輩時賢之著述，以資發明。至於本書寫作之主要方式，乃將俗佛道間之爭論分爲若干問題，以問題爲中心，先述俗佛道爭論之要點大意，然後衡諸事實情理，依己意加以評論，以明其是非得失。

本書之完成，曾得國家科學會之補助，值茲付梓之際，特申謝意。

中華民國六十年十二月　孫廣德識於臺北

晉南北朝隋唐俗佛道爭論中之政治課題目次

晉南北朝隋唐俗佛道爭論中之政治課題

第一章 緒論

第一節 佛教之傳入與道教之創立

我國古代尊天敬祖，因而有祀天祭祖之事，亦有祭祀其他鬼神者。凡此均深具宗教之意味。若其祭祀出於眞正之信仰，而非僅作爲一種禮儀，或可逕視之爲宗教。然仍非正式之宗教。所謂非正式者，一爲不純粹，蓋古者祀天祭祖，或祭祀其他鬼神，常含有政治作用，以作爲政治上之手段。二爲無制度，卽無系統之教義與獨立之組織是也。既不純粹又無制度。自不能成爲正式之宗教；卽巫覡與方士亦然。中國有純粹化制度化之正式宗教始自佛教之傳入與道教之創立。

一、佛教之傳入：佛教由印度迦比羅城主淨飯王太子釋迦牟尼所創。釋迦牟尼本姓瞿雲，名悉達多，一作喬達摩悉達。釋迦義爲能仁，謂德充道備，堪濟萬物也；牟尼義爲寂然，爲讚美之辭。釋迦之生，魏書釋老志謂當周莊王九年，卽春秋魯莊公七年。實則根本無從考查，卽其滅度之年，亦無定論，衆說紛紜，幾近百種。釋印順抉擇衆說，考定爲西元前三九〇年（註一），姑採信之。釋迦生時，從遊弟子已衆，其最大者爲迦葉，最少者爲阿難，皆於佛理有得。釋迦滅後，弟子分散，各本所得傳教，然恐日久有所出入，故每隔若干年集合討論，加以訂正，各述所聞於釋迦者，由他人補充或修正之，是謂結集。後恐單憑口述，難以傳之久遠，乃書於貝葉，卽後之經典，是所謂貝葉傳經。至阿育王，篤信佛教，乃遣使者四出傳播（註二）。

至於佛教何時傳入中國，說者不一，而以爲傳於東漢明帝時者居多。此說最早出於東漢末牟子理惑論，謂：

昔孝明皇帝，夢見神人，身有日光，飛在殿前，欣然悅之。明日博問羣臣此爲何神。有通人傅毅曰：臣聞天竺有得道者，號之曰「佛」，飛行虛空，身有日光，殆將其神也。於是上悟，遣使者張騫、羽林郎中秦景、博士弟子王遵等十二人，於大月支寫佛經四十二章……（註三）。

其中所謂張騫，當非武帝時通西域之張騫，而係另爲一人。魏書釋老志亦云：

後孝明帝夜夢金人，頂有白光，飛行殿庭，乃訪羣臣，傅毅始以佛對。帝遣郎中蔡愔、博士弟子秦景等使於天竺，寫浮屠遺範。愔乃與沙門攝摩騰、竺法蘭東還洛陽，中國有沙門及跪拜之法自此始也。

大意與牟子之說略同，唯記明帝所遣使者有所出入，並言及沙門攝摩騰、竺法蘭與愔同來。其他如四十二章經序、隋書經籍志等，所述均與牟子及釋老志大同少異。湯氏謂四十二章經序或較牟子更早，牟子似襲四十二章經序（註四）。隋書經籍志所載則幾與釋老志全同，僅字句少有出入，其抄錄釋老志甚爲顯然。其他述此事者尚多，說法不一，大意則同，可見佛教於東漢明帝時傳入中國，乃爲多數人所信。然牟子、釋老志與隋書經籍志，僅言明帝遣使，皆未指明在於何年。其指明年代者，「化胡經謂永平七年遣使，十八年還。法本內傳作三年感夢，而廣弘明集卷一所引之吳書，謂在十年。隋費長房三寶記作七年感夢，十年還漢。並引陶弘景帝王年譜稱十一年夢金人遣使」(註五)。所記雖有參差，然皆相去不遠，還漢最早不過十年，最晚不過十八年。

觀上所述，東漢明帝時遣使求法，諸神異之說或出揑造牽坿，其事則當屬實。雖然此僅足證明帝時有佛法傳入，而仍不足證其傳入必自明帝始也。唐法琳引釋道安朱士行等經錄目云：

> 秦始皇之時，有外國沙門室利防等十八賢者，齎持佛經來化始皇。始皇弗從，乃囚防等(註六)

案秦始皇略與阿育王同時，阿育王既遣使者四出傳教，其來中國甚有可能。然始皇既囚防等以示嚴拒，其時佛法自不得傳入。又魏書釋老志云：

> 漢哀帝元壽元年，博士弟子秦景憲，從大月氏王伊存受浮屠經，中土聞之，未之信也。

若此說可信，則景憲既受浮屠經，佛法自必由是傳入，只是中國人尚不肯信從而已。據後漢書所載，至明帝時：

> 楚王英喜爲浮屠齋戒，永平八年，奉黃縑白紈各三十匹，詣國相贖衍罪。詔報曰：楚王英誦黃老之微言，尙浮屠之仁慈，潔齋三月，與神爲誓，何嫌何疑，當有悔吝？其還贖以助伊蒲

塞、桑門之盛饌（註七）。

觀此節所述，知明帝永平八年楚王英已奉佛法，朝廷對佛法亦相當崇敬，而其時在明帝遣使求佛法歸漢之前，可見佛法必早經傳入。故梁啓超曰：

漢明遣使事，相傳在永平十年（原註：隋費長房歷代三寶記。案：他說均不早於十年），然報楚王英詔在永平八年，浮屠（佛陀）伊蒲塞（優婆塞）桑門（沙門）諸名詞已形諸公牘，則其名稱久爲社會所已有可知。有名稱必先有事實，然則佛法輸入，蓋在永平前矣（註八）。

故吾人以爲東漢明帝永平間曾遣使求佛法當非虛構，然佛法之初傳入必在此之前，至於是否如魏書釋老志所述，即在西漢哀帝元壽元年，吾人亦不敢確言。實則阿育王早已遣使者四出傳教，而兩漢與西域又常有交通，隨時皆有傳入之可能。不過如劉宋宗炳所云伯益已知有佛（註九），唐法琳云「周世佛法久來」（註一〇）等，乃與道士爭佛道先後，爲對抗道教所僞造或假託以壯聲勢者，其荒誕自不待言，故無須置論。

二、道教之創立：道教之創立，非出於一時，成於一人，其淵源廣泛而久遠。就其要者言之，曰黃老之學，老莊之學，神仙方士，巫覡卜史等等。

約自春秋始，學者每稱黃帝，以爲中華文化之創始與發揚者。人生處世之態度，大抵不外「獨善其身」與「兼善天下」，因而學術亦不外此兩方面，皇帝既爲人所稱頌，自被認爲兼具此兩方面之學術。而大體言之，儒家重「兼善天下」，道家重「獨善其身」，皆不出黃帝範圍，故俱崇黃帝。儒家重「兼善天下」，故多發揮治國平天下之道；道家重「獨善其身」，故多發揮清靜無爲之旨。其後將黃帝契合於老子，如漢書藝文志所載黃帝四篇，黃帝銘等書，其義均與老子契合，於是乃有黃老之稱（註一一）。漢初以黃老之治而成盛世，黃老思想益受重視。所謂黃老思想，卽清靜寡欲，以道修身，清虛自守，後之道教，卽重此修養，欲藉之以長生成仙。

老莊指老子莊子而言，是道家之大師，亦爲後之道教所崇奉，尤以老子爲然。莊子與老子同樣主張清靜寡欲，清虛自守，不爲物欲所役，不爲世俗所累，不執着，不爭奪，而單主順自然，以求精神之自由與生死之超脫。故皆有出世之傾向。老莊雖皆有出世之傾向，然其旨在於救世，故非完全出世，而在出世入世之間。就其入世之一面言，則與儒家相近，故老子嘗論兵論治國，莊子有應帝王之篇。後之道教，雖以出世爲其主旨，然亦兼及治道，如葛洪之抱朴子，「外篇言人間得失，世事臧否」（註一二），於君臣、用人、賦役等均有論列。又如太平經鈔八云：「此文行之，國可安，家可富」。經鈔三云：「夫爲帝王制法度」。太平經四五云：「悉爲王者制法，可以除災害而安天下」。經四六云：「今吾與子道畢具，廼能使帝王深得天地之歡心，天下之羣臣徧說」；又云：「今以此奉助有德帝王，使其無憂」。經四七云：「眞人以此書傳道德之君，使凡人自思行得失，以安帝王，其治立平」。經七一云：「天師爲因太平之氣出，授道德以與無上之皇」。或卽以其崇拜老莊，而老莊不盡出世故也。道教崇奉老莊，甚至以老子爲教主，其重要思想，尤其玄思方面，確係出於道家。故許地三云：「道教底淵源，非常複雜……但從玄想這方面看來，道教除了後來參合了些佛教思想與儀式外，幾乎全是出於道家底理論」（註一三）。

『神仙思想，由「不死」之思想而起，人皆好生而惡死，不死之說，蓋自古有其設想，自古有其傳說』（註一四）。春秋時，齊景公問晏子「古而無死，其樂若何」（註一五）？戰國時有人獻不死之藥於荊王（註一六）；韓非子謂「客有教燕王不死之道者」（註一七）。人若不死，則成神仙。神仙之說，出自道家（註一八），然老子書中無有，莊子書中始有之。如逍遙遊謂：「藐姑射之山，有神人居焉，肌膚若氷雪，綽約若處子，不食五穀，吸風飲露，乘雲氣，御飛龍，而遊乎四海之外」。天地篇謂：「千歲厭世，去而上仙」。此外莊子書中所謂之至人、眞人等，亦皆同神仙。戰國末期，神仙之說已大興盛，詩文中每見之。鄒衍創陰陽五行說，談陰陽消息，五行運轉，亦有神奇之術，能吹律使燕寒谷溫而生黍（註一九），又「見拘於燕，當夏五月，天爲隕霜」（註二〇），致燕齊梁趙之君，爭相禮遇（註二一）。而一般方士更以求仙成仙之說煽惑時君世人，如齊之威王，宣王，燕之昭王等，均曾使人入海尋三神山，秦始皇尤信方士，親至東海祠名山大川，求仙人仙藥（註二二）。至漢，如雄才大略之武帝，尙酷好神仙，信化鍊之術，不死之說，而欲致之（註二三）。求仙者雖皆失敗，然神仙之說却仍流行，而爲其後道敎之主要淵源之一。

古有巫覡卜史。巫覡是一種職業，以祈禱禁咒之術，通神降神，祈福壽，消災禍，「在男曰覡，在女曰巫」（註二四），不過以女巫爲多。卜史是一種官職，依左傳中所載各國卜史之官觀之，其主要職責，在於預卜國運政局與吉凶禍福，故多有神話與之相連。後之道敎雖未必與巫覡卜史有直接之關係，然其作法念咒，頗與巫覡相類，其神仙神蹟，每與古之神話有似，當亦受巫覡卜史之啓示。

道教卽以黃老之學，老莊之學，巫覡卜史等爲淵源，由神仙方士演變而成，一般皆以爲道教創於張道陵，實則張道陵之前已有道教之雛型。秦始皇時已有茅濛「於華山之中，乘雲駕龍，白日昇天」（註二五）。其後茅濛玄孫盈、固、衷兄弟三人，稱三茅君，亦於西漢之初成仙，此爲第一班開創道教者（註二六）。至東漢順帝時，「琅邪宮崇詣闕，上其師于吉於曲陽泉水上得神書百七十卷……號太平清領書。其言以陰陽五行爲宗，而多巫覡雜語……後張角頗有其書焉」（註二七）。而太平清領書，卽今之道藏太平經也（註二八）。又于吉「先寓居東方，往來吳會，立精舍燒香，讀道書，製作符水以治病，吳會人多事之。策嘗於郡城門樓上，集會諸將賓客，吉乃盛服，杖小函，漆畫之，名爲仙人鏵，趨度門下，諸將賓客三分之二下樓迎拜之，掌賓者禁呵不得止」。策憤而收殺之，「懸首於市，諸事之者，尚不謂其死，而云屍解焉，復祭祀求福」（註二九）。于吉之教稱太平道，張角既有其書，故亦主之，「角自稱大賢良師，奉事黃老道，蓄養弟子，跪拜首過，符水呪說以療病，病者頗瘉，百姓信向之，……十餘年間，衆徒數十萬」，乃以此稱亂，卒被平（註三〇）。角雖被平，而于吉之教則傳佈於吳會一帶。此皆在張陵之前。三國誌張魯傳載：

> 魯字公輔……祖父陵客蜀，學道鵠鳴山中，造作道書以惑百姓，從受道者出五斗米，……陵死，子衡繼其道，衡死，魯復行之。益州牧劉焉以魯爲督義司馬。焉死，子璋代立，以魯不順，盡殺魯母家室，魯遂據漢中，以鬼道教民，自號師君。其來學者，初皆名鬼卒，受本道

已信，號祭酒，各領部從，多者爲治頭大祭酒，皆教以誠信不欺詐，有病教以懺過，……又置米肉懸於義舍，行路者量腹取足，若過多，鬼神則病之。犯法，三原，然後乃行刑，不置長吏，皆以祭酒爲治，民夷便樂之，雄據巴蜀垂三十年。

後世所傳卽張陵之道教（註三一）。張氏累代相傳，號張天師，直至今日，故其教亦稱天師道。天師道與太平道本極相似，然其後天師道居正統而廣流傳者，乃因張角奉太平道殺人造反而被滅，而天師道則不同。據三國誌張魯傳所載，曹操曾於建安二十年攻張魯於漢中，魯封貨寶倉庫，一無所取，率衆入巴中，操以其不愛財貨，本有善意，乃慰喩之，子彭祖娶魯女結爲姻好，拜魯爲鎭南將軍，其五子皆爲列侯，其教之廣流傳蓋以此也。

天師之教，「民間信其治病禳災，祛邪役鬼之術；士大夫崇其守一守靜，丹藥養生之道；加以抱朴子、陶弘景等，位高學博，皆著專書以神其說而發揚之，於是信徒益衆，而道教遂具體實現矣」（註三二）。

第二節　佛教與道教之盛行

佛教於東漢明帝以前傳入中國，道教於東漢之末成立，其流傳興盛，勢力雖時有大小起伏，然大體言之，可謂同時並行。爲方便計，仍分別述之。

一、**佛教**：佛法雖於明帝之前已經傳入，然漢世信仰者不多，楚王英「爲浮屠齋戒祭祀」，然

「更喜黃老」(註三三)。明帝遣使求佛法，且令畫工繪佛像，建白馬寺(註三四)，似單信佛。不過其所以信者，乃以爲神明，非與其他神明有所分別，故凡神明必爲其所信，初未必單信佛也。桓帝祀「浮屠」，亦祀「老子」；襄揩信佛，更信太平淸領書(註三五)。桓帝而後，雖信者稍多，然一則不單信佛，如牟融雖信佛而闡揚推重之，然亦崇慕老子，致力研究(註三六)。二則不准出家爲僧尼，晉書佛圖澄傳謂：石虎著作郎王度奏云：「漢代初傳其道，唯聽西域人得立寺都邑以奉其神，漢人皆不得出家。魏承漢制，亦循前例」。雖淵鑑類函卷三一七僧部引史略云：「漢明帝聽陽城侯劉竣等出家，此中國人爲僧之始」。唐張泌粧樓記亦云：「漢聽陽城侯劉峻出家，僧之始也。又聽洛陽婦阿潘出家，尼之始也」。然係少數特許之例，非一般人皆可爲僧尼也。質言之，東漢之末，佛教雖已傳入而有人信仰，然人數極少，且其時對佛教教義並非眞正瞭解，上焉者以其有似老莊之玄，下焉者視之爲神秘，與巫覡方士之迷信無異。三國時吳大帝歡迎康僧會，是亦信佛。魏明帝欲壞宮西浮圖，沙門以舍利投水，發五色光，帝曰：「自非靈異，安得爾乎」？乃爲之作周閣百間，鑿水池種芙蓉。其後天竺沙門曇柯迦羅入洛；宣譯戒律，爲中國戒律之始(註三七)。然依前述魏旣承漢制，漢人不得出家，佛教自不甚發達。

至晉信者漸衆，後趙之石勒、石虎本甚兇暴，而爲佛圖澄神通所懾，對佛圖澄甚爲禮敬，並起佛寺八百九十餘所，甚至其時國人以不生惡念爲戒，謂「大和尚知汝」(註三八)。又符堅禮遇道安及習鑿齒，謂「朕以十萬師取襄陽，所得爲一人半，安公一人，習鑿齒半人」。後秦禮遇鳩摩羅什，以爲國師。此外釋慧遠、釋道恒、支遁、支道林等，亦均為名僧，而王導、周顗、庾亮、謝鯤、桓彝、桓玄、謝安、謝玄、王蒙、郗超、王羲之、王坦之、王謐、王恭、范汪、王珣、許珣、陶潛、孫綽、何充及弟準、蔡謨等名人皆崇佛法（註三九）。而帝王之中，孝武帝於太元六年春正月奉佛法，「立精舍於殿內，引諸沙門以居之」（註四〇）。恭帝亦深信浮屠，造丈六金像，親於瓦寺迎之，步從十許里（註四一）。據魏書釋老志所載，但西晉時，洛下一處即有寺四十二所，至東晉自更增多，晉時佛教之發達，由此可見。

佛教至於南北朝時，較之晉世更為興盛，帝王中篤信佛教者，有宋之文帝，孝武帝，齊之高帝，梁之武帝，陳之宣帝及晉王廣，北涼沮渠蒙遜，後魏之道武帝，孝武帝、宣武帝等。而其時之高僧惠琳、那跋摩、曇標、僧遠、法獻、法暢、法雲、智藏、僧旻、惠約、達摩、眞諦、智顗、曇無讖、菩提支流等，皆受帝王之信任尊崇，甚而重用。如宋文帝之用惠琳參與朝政，孝武帝用法獻、法暢參知政事，而梁武帝信佛尤篤，受戒於惠約，親自聽經講經，設法會，註佛經（註四二）。至北魏興和二年，計全國有寺院三萬餘所，僧二百餘萬（註四三），外國僧人來中國者約三千，譯著經典四百餘部（註四四）。可知其發達遠過晉世。梁啓超以為其時南北佛教雖均甚發達，然性質大不相同，「南方尚理解，北方重迷信；南方為社會思潮，北方為帝王勢力。故其結果也，南方自由研究，北方專制盲從；南方深造，北方普及。（比較的，非絕對的。）」（註四五）。

隋高祖出生於馮翊般若寺，由尼躬自撫養（註四六），及長，自崇佛教（註四七）。及為帝，乃對佛教力加保護，於開皇二十年十二月下詔：「敢有毀壞偷盜佛像……嶽鎮海瀆神形者，以不道論」(註四八)。煬帝亦崇信佛教，護持三寶(註四九)。唐高祖雖曾下詔淘汰僧尼，減損佛寺，然尚准京師留三所，諸州各留一所，且不久又予恢復(註五〇)。太宗曾爲死兵者立浮屠寺(註五一)。高帝因潛龍時住天宮寺，登極後，「周歷殿宇，感愴久之，度僧二十人」(註五二)。武則天對佛教提倡尤力，蓋太宗崩後，則天曾入感業寺爲尼。又「載初元年……秋七月……有沙門十人，僞撰大雲經表上之，盛言神皇受命之事。制頒於天下，令諸州各置大雲寺，總僧千人。……九月九日壬午，革唐命，改國號爲周，改元爲天授」。其尊崇佛教自屬當然，故於第二年四月，即「令釋教在道法之上，僧尼處道士女冠之前」(註五三)。其他如德宗曾於貞元三年正月，取岐州無憂王寺佛指骨置禁中供養(註五四)。憲宗曾於元和六年正月「使諫議大夫孟簡、給事中劉伯芻、工部侍郎歸登、右補闕蕭俛等於豐泉寺翻譯大乘本生心地觀音經」(註五五)，又於元和十四年正月丁亥「迎鳳翔法門寺佛骨至京師，留禁中三日」，刑部侍郎韓愈諫之，被貶爲潮州刺史(註五六)。穆宗曾於元和十五年七月乙卯「幸安國寺，觀盂蘭盆」。長慶元年三月甲子劉總請以私宅爲佛寺，又請爲僧，遣使賜寺額、僧衣(註五七)。皆對佛教有所崇奉。唯武宗大滅佛教，然長安與洛陽，仍各留佛寺四所(註五八)。且宣宗即位，即大復佛寺，並誅道士劉玄靖等十二人，以其說惑武宗排毀釋氏故也(註五九)。其後之懿宗亦信佛教，曾於咸通十二年五月「幸安國寺，賜講經僧，沉香高座」(註六〇)，咸通十四年三月「迎佛骨於鳳翔」(註六一)。加以許多僧人往印度研究佛法，而玄奘開創新宗，翻譯經典，發揚教義，高僧道宣、義淨、日照、不空等人，皆有優良著作，名士如顏眞卿、王維等，亦皆信奉佛教，與之往還。以文宗時計，即有寺院四萬所，僧尼七十餘萬人（註六二）。其盛況可見一般。

隋唐可併爲一個時期，此期之佛教，寺院僧尼之數量姑且不論，即在思想學術上已遠非晉南北朝可比。晉南北朝時佛教雖已相當發達，然除經學之翻譯外，無甚教理之闡揚。至隋唐則有教理之闡揚、融會與創新。我國現行佛教之十餘宗派，除毗曇與成實外，其他皆創立於隋唐二代。故可謂隋唐爲中國佛教之鼎盛時期，亦是中國佛教之完成時期，其後或僅沿襲流傳，或爲儒者所剽竊，梁啓超謂：「唐以後殆無佛學」（註六三），確有見地。

二、道教：道教創立之初，頗爲上層社會所輕視，因而謂其造作書符以惑百姓，且有米賊之稱（註六四）。然其後張魯受曹操禮遇，拜鎭南將軍，封閬中侯，結爲姻好，並封魯五子爲列侯，於是道教遂爲上層人士所重，進而崇信之。至晉時已相當盛行。其時有名之士，如王羲之「世事張氏五斗米道」，其次子凝之信之尤篤，欲請鬼兵拒賊（註六五）。「郗愔及弟曇奉天師道」（註六六）。殷仲堪「少奉天師道，又精心事神」（註六七）。孫恩「世守五斗米道」，與叔父泰誑誘百姓爲亂（註六八）。其他尙多。且有葛洪着抱朴子，以發揚並神其說。名士信道教者亦不少。而其信者可號召百姓爲亂，可見一般人民信者尤衆。

至南北朝，信者益衆，較諸晉朝更爲發達。如南齊顧歡，曾著夷夏論以排佛（註六九）。梁陶弘景，「至十歲得葛洪神仙傳，晝夜研尋，便有養生之志。……未弱冠，齊高帝作相，引爲諸王侍讀」

（註七〇）。北魏太祖道武帝崇信服食之術（註七一）。寇謙之爲有名道士，世祖太武帝頗爲信從，爲建天師道場，親受符籙，並因而滅佛（註七二）。節閔皇帝被廢之後，乃賦詩曰：「朱門久可患，紫極非情翫，顚覆立可待，一年三易換，時運正如此，唯有修眞觀」（註七三），乃矢志修道。北周之張賓，亦爲有名之道士，衞元嵩則出佛入道，均得寵幸，因而促使周武帝滅佛，雖結果佛道並毀，然本意在於滅佛（註七四）。由於帝王之信仰鼓勵，百姓信者自衆。梁啓超以爲道教盛行之情形，南北亦不相同。「南朝所流行者爲道家言，質言之卽老莊哲學也。其張道陵、寇謙之妖誣邪教，南方並不盛行」（註七五）。

隋高祖尊崇佛教，亦尊崇道教，開皇二十年十二月辛巳下詔保護佛法，亦同時保護道教。其詔曰：「佛法深妙，道教虛融……凡在含識，皆蒙覆護。……故建廟立祀，以時恭敬，敢有毀壞偷盜佛及天尊像嶽鎭海瀆神形者，以不道論。沙門壞佛像，道士壞天尊者，以惡逆論」（註七六）。

唐代爲道教最盛時期，蓋唐之王室姓李，與道教之教主老子同姓，故特示尊崇。太宗令道士女冠在僧尼之前（註七七），高宗「乾封元年二月己未，次亳州，幸老君廟，追號曰太上玄元皇帝」；上元元年十二月壬寅「天后上意見十二條，請王公百寮習老子，每歲明年以準孝經論語例試於有司」；調露二年二月戊午，高宗親謁少姨廟，賜故玉清觀道士王遠知，謚曰昇眞先生，贈太中大夫……己未幸嵩陽觀及啓母廟，並命立碑；又幸逍遙谷道士潘師正所居」（註七八）。中宗神龍二年二月丙申道士史崇玄等十餘人授官封公。鄭靜思爲秘書監，葉靜能爲國子祭酒（註七九）。睿宗命西域及隆昌二公主爲女冠（註八〇）。玄宗「開元二十九年春正月丁丑，制兩京諸州各置玄元皇帝廟，並崇玄學，置生徒，令習老子、莊子、列子、文中子，每年准明經例考試」；天寶元年二月丙申「莊子號爲南華眞人，文子號爲通玄眞人，列子號爲冲虛眞人，庚桑子號爲洞虛眞人。其四子所著書，改爲眞經崇玄學，置博士助教各一員，學生一百人。……九月……丙寅……兩京玄元廟改爲太上玄元皇帝宮，天下准此」。「二年春正月丙辰，追尊玄元皇帝爲大聖祖玄元皇帝，……三月壬子親祀玄元廟，以册尊號，制追聖祖玄元皇帝父周上御史大夫……」。八年閏六月丙寅，「親謁太清宮，册聖祖玄元皇帝尊號爲聖祖大道玄元皇帝」。十三年二月癸酉，「親獻太清宮，上玄元皇帝尊號曰大聖祖高上大道金闕玄元天皇大帝」（註八一）。道士由是得居顯位。肅宗曾用道士李泌（白衣山人）及方士王璵爲宰相（註八二）。敬宗寶曆二年十一月「以太清宮道士趙歸眞充兩階道門都教授博士」（註八三）。武宗於會昌元年以道士劉玄靜爲銀青光祿大夫，四年又以道士趙歸眞爲左右街道門教授先生。武宗志學神仙，對趙歸眞等特加恩禮，後聽信其言而破滅佛教（註八四）。由上述可見，唐朝之道教不獨盛行，且道士多參與政治，而有政治勢力。

第三節　佛道盛行之原因

佛教由漢魏而至於晉南北朝隋唐之世特別盛行，其主要原因蓋由於世局之混亂。所謂世局之混亂，以此一時期與其他朝代相較，其主要之特色乃是篡竊與廢弒之盛行，權臣間之相殘與戰爭之頻仍。

簒竊之風自曹魏簒漢開其端，其後晉之於魏。在南方，齊之於宋，梁之於齊，齊之於陳；在北方，北齊之於北魏，北周之於北齊；又隋之於北周，唐之於隋，皆行簒竊，其間無一朝例外。而其簒竊之實行皆假禪讓之名。魏常道鄉公璜於咸熙二年禪位於晉王司馬炎，是爲晉(註八五)；南方宋順帝於昇明三年禪位於齊王蕭道成，是爲南齊(註八六)；齊和帝於中興二年禪位於梁王蕭衍，是爲梁(註八七)；梁敬帝於太平二年禪位於陳王陳覇先，是爲陳(註八八)。北方魏孝靜帝武定八年禪位北齊(註八九)；而西魏則於恭帝二年禪位於周(註九〇)。齊幼主於承光元年本禪於大承相任城王諧，令侍中斛律孝卿送禪文及璽紱與瀛州，孝卿乃以之歸周(註九一)；周靜帝於大定元年禪位與隋(註九二)；隋恭帝於義寧二年禪位與唐(註九三)。其間只有宋劉裕弒晉恭帝德文而簒位(註九四)，陳於後主禎明三年爲隋所滅(註九五)，未假禪讓之名，是爲例外。各朝之間既行禪讓，因而亦多依五德相生說安排其德位，如由魏經晉至南朝之宋齊梁陳，其德位順序爲土金水木火土(註九六)，則當是學自王莽。

各代之間假禪讓之名行簒竊之實，其途徑與步驟均大致相同。簒位者多於位卑權輕時，力求表現，藉不斷建立功勳以逐漸提高地位，增加權力，排斥異已，最後至於封王爲相，控制一切。至此，在位之帝王迫於情勢，不得不公開宣示自己德薄，不足以繼統，而某之功德著明，天下歸之，理應受禪。受禪者雖總是再三謙讓始肯接受，然若在位之帝王不於此時禪位，其位亦必不保，待被推翻，生命且將喪失，故不如自動禪位，或可苟全性命，茲以晉與魏之間爲例言之。

司馬懿「魏武爲丞相，辟爲文學掾，……魏國既建，遷太子中庶子……爲太子所信重。……魏文帝卽位，封河津亭侯，轉丞相長史……及魏受漢禪，……爲尚書，頃之，轉督軍御史中丞，封安國鄉侯」，魏與吳爭奪中，懿劃策征伐，貢獻頗大。「太和四年遷大將軍加大都督」，魏與蜀之爭奪中，懿之貢獻亦甚大。「青龍三年遷大尉，累增封邑，……爲太傅，入殿不趨，贊拜不名，劍履上殿，如蕭何故事。嫁娶喪葬出給於官，以世子師爲散騎常侍，子弟三人爲列侯，四人爲騎都尉，固讓子弟官不受。……魏正始元年……又增……封邑……三年……冬十月朝會乘輿升殿。……八年夏四月……曹爽用何晏鄧颺丁謐之謀，遷太后於永寧宮，專檀朝政，兄弟並典禁兵，多樹親黨，屢改制度，……於是與爽有隙……嘉平元年春正月，乃誘殺爽等。……二年春正月，天子命……立廟洛陽，置左右長史，增掾屬舍人滿十人……增官騎百人，鼓吹十四人，封子彤平樂亭侯，倫安樂亭侯，……請每有大事，天子幸第以諮訪焉。……三年……天子又使兼大鴻臚，太僕庾嶷持節，……爲相國，封安平郡公，孫及兄子各一人爲列侯，前後食邑五萬戶，侯者十九人，固讓相國郡公不受」（註九七）。懿子師亦藉不斷建立功勳以逐漸提高地位，增加權力，排斥異已，而至於專權輔政。正元元年三月，天子詔曰：「其登位相國，增邑九千，並前四萬戶，進號大都督，假黃鉞，入朝不趨，奏事不名，劍履上殿」（註九八）。以懿與師當時之權勢，欲行簒奪，當無問題，然其時天子尚可苟延殘喘，猶不欲立卽讓位，而懿師以爲帝位在所必得，亦不願急忙從事，使簒奪形迹過於明顯，以留臭名於後世，故欲再事拖延安排，迫使天子非讓位不可，再採取行動。不巧懿死於嘉平三年八月，師死於正元二年正月，均於帝位即將獲得而時機尚未十分成熟之時亡故。及師之母弟昭，仍循懿與師之途徑而至於專權輔政，爲相國，更進而封公，又於咸熙元年三月進爵爲王，立炎爲世子。二年五月天子命昭「冕十有二旒，建天子旌旗，出警入蹕，乘金根車，駕六馬，備五時，副車置旄頭雲罕，樂舞八佾，……進王妃爲王后，世子爲太子，王姪孫爵命之號，皆爲帝者之儀」（註九九）。可謂時機已經成熟，天子實際已等於讓位，只是尚未正式宣佈而已，可惜昭亦無皇帝命，而於八月辛卯去世。其經營之成果爲子炎所承受，其篡竊之事業由子炎所完成。炎爲昭之長子，「魏嘉平中封北平亭侯。歷給事中，奉車都尉，中壘將軍，加散騎常侍。累遷中護軍，假節迎常道鄉公於東武陽，遷中撫軍，進封新昌侯。及晉國建立，爲世子，拜撫軍大將軍開府副貳相國，……咸熙二年五月立爲晉王太子，八月辛卯文帝崩，太子嗣相國晉王位」，至十二月壬戌，即以相國晉王受禪於魏（註一〇〇）。此乃受禪者奮鬭之經歷。至於禪讓者，不獨將帝位讓與他人，且對受禪者之功德備加稱頌，以爲天與人歸，當繼大統。然後以隆重儀式交出帝璽綬冊。如魏咸熙二年五月，常道鄉公璜即詔曰：「相國晉王，誕敷神慮，光被四海，震燿武功，則威蓋殊荒；流風邁化，則旁洽無外。愍卹江表，務存濟育；戢武崇仁，示以威德；文告所加，承風嚮慕；遣使納獻，以明委順；方寶纖，歡以效意。……」十二月壬戌「詔羣公卿士，具儀設壇於南郊，使使者奉皇帝璽綬冊禪位于晉嗣王，如漢魏故事」（註一〇一）。

此種篡位之方式，乃在君臣名分約束之下，順五德相生說之路線，效法王莽曹丕，而採取之一種既可遂其權力之欲，取得帝位，又可向歷史交待，不背君臣名分之法。蓋魏晉南北朝以至隋唐之間，其篡位者皆屬權臣，既與當朝天子有實際之君臣關係，自不宜以革命或征誅之名將其公開推翻殺戮，因而以禪讓之名而行篡竊之實，乃最理想之方式。篡竊似較征誅爲緩和，然篡竊者既須作長期之準備，其在爲臣期間，無論任何差職，理何事務，必皆以增加一己之權勢爲務，絕不會爲人民國家着想。且其行篡竊之時，既奪人帝位，又要人表示公開讓與，或較殺戮更爲慘毒。

魏晉南北朝隋唐期間之政治，尚有另一特色，卽廢弒之盛行。蓋權臣欲行篡竊，必廢弒不利於自己弄權之帝王，以排除篡竊之障礙，當然亦有爲其他原因而行廢弒者。當時視廢弒爲尋常，幾與一般政治措施相同。而此種風氣，亦於魏世開始。魏齊王芳，於嘉平三年爲司馬師所廢；陳留王奐，於景元四年爲司馬昭所殺（註一〇二）。至晉，孝懷帝於永嘉七年亂中遇弒，孝愍帝於建興五年，亦亂中遇弒；海西公奕，則於太和六年爲桓溫所廢；最後恭帝德文於元熙二年爲劉裕所弒而晉亡（註一〇三）。南朝，宋前廢帝子業，於永光元年被廢弒，後廢帝昱，亦於元徽五年被廢（註一〇四）。齊之鬱林王昭業，於隆昌元年被廢；繼之海陵王昭文，又於延興元年被廢；不數年，東昏王寶卷，亦於永元三年被廢（註一〇五）。陳之高宗宣帝頊，光大二年被廢爲王（註一〇六）。梁之簡文帝，於大寶二年爲侯景所廢（註一〇七）。北朝，魏太武帝，於正平二年爲宗愛所弒（註一〇八）；孝明帝，於武泰元年爲太后等所弒（註一〇九）；孝莊帝，於永安三年，爲爾朱氏所誅（註一一〇）。又有前廢帝與後廢帝，前者廢於普泰二年，後者廢於中興二年，中間僅隔三年；宇文泰等所立之西魏亦有廢帝，是亦被廢（註一一一）。齊之廢帝殷，卽位不久卽被廢（註一一二）。周之孝閔帝覺，先於西魏恭帝三年十二月丁亥封爲周公，庚子受禪，而爲晉公護廢弒（註一一三）。隋有煬帝之弒父兄（註一一四），唐有則天皇帝之改國號爲周（註一一五）。此種風氣，下及五代，直至宋之開國。

其次是權臣間之殘殺。大臣專權，並爲遂其專權之願望而排斥異已，以至於相互殘殺，可謂歷代皆有其例。然於篡竊之風大盛之時，此種情形特別明顯。蓋專權至於相當地步，苟無人足與對抗，則可順勢以行篡竊而爲帝王，因而對權勢特別熱中，專權之願望特別迫切之人，對可與競爭者，或不利於其專權者，必力求剷除，以排去篡竊之障礙。以魏世司馬氏爲例言之，如正始八、九年時，曹爽權重，大有篡位之勢，司馬懿恐帝位爲爽所得，乃於嘉平元年正月誘殺之（註一一六）。又正元元年正月，司馬師得知「天子與中書令李豐，后父光祿大夫張緝，黃門監蘇鑠，永寧署令樂敦冗，從僕射劉賓賢等，謀以太常夏侯玄代帝（師）輔政」，恐喪失其權，乃殺李豐，「逮捕玄、緝等，皆夷三族」，因有后父參與，「三月乃諷天子廢皇后張氏」（註一一七）。其他南朝如齊之蕭鸞（明帝），爲專權繼統，乃於海陵王時，大殺諸王殆盡（註一一八）。北朝如魏之宇文泰與高歡相抗爭（註一一九）。又皇帝被廢弒之時，亦常有大臣牽連被殺，如北魏宗愛弒太武帝，即殺諸大臣及秦王等（註一二〇）。

另外是戰亂特多。戰亂本爲每一朝代所難免，然此一時期中除一般戰亂如晉之八王之亂，陳之侯景之亂，唐之安史之亂、黃巢之亂等，亦爲其他朝代所常有之外，另有南朝與北朝之間，北朝齊周之間，五胡十六國之間之經常戰亂，而爲其他朝代所無。故此一時期之戰亂，與其他朝代相較，亦爲特色之一。至於水旱饑饉之災荒，則不論矣。

於此混亂之局勢之中，不獨小民無以爲生，卽帝王仕宦之人，亦必感禍福之無常，富貴之難保；無告者欲得所依靠，爲惡者欲得所原宥，而佛道正可應此需要，於是信者以衆。梁啓超對此闡釋甚爲透闢，謂

> 季漢之亂，民瘵已甚，喘息未定，繼以五胡，百年之中，九宇鼎沸，有史以來，人類慘遇，未有過於彼時者也。一般小民汲汲顧影，旦不保夕，呼天呼父母，一無足恃，聞有佛如來能救苦難，誰不願託以自庇，其稔惡之帝王將相，處此翻風覆雨之局，亦未嘗不自怵禍害。佛徒悚以果報，自易動聽，故信從亦漸衆。帝王既信，對於同信者必加保護。在亂世而得保護，安得不趨之若鶩。此一般愚民奉之之原因也。其在「有識階級」之士大夫，「聞萬法無常，諸法無我」之敎，還證以己身所處之環境，感受深刻，而愈覺親切有味。其大根器者，則發悲憫心，誓弘法以圖拯拔；其小根器者，則有託而逃焉，欲覓他界之慰安，以償此世之痛苦，……故世愈亂而逃入之者愈衆，此士大夫奉佛之原因也（註一二）。

此蓋就亂世中一般人之通常心理，以言佛敎之發達。而王夫之則着重於南北朝，由篡弒徼幸之心理，以言佛敎之盛行。其云：

> ……何爲其篤信之？篡弒而居天子之尊，□□而爲□□之主，德薄才非，自顧而不知富貴所從來，懷慝負慚，叨竊而覺夢魂之不帖，始或感冥報之我祐，繼或冀覆餗之無憂，於是而佛氏宿命之因緣，懺除之功德，足以慰藉而安之，故□□之君，篡逆之主，屈身降志，糜國殃

民，以事土木之偶，而士大夫之儌幸顯榮，乃至庶民之姦富者，亦惑溢分之榮膴所自致，而幸災眚之不及，其有因而述其空寂之說者，則以自文其陋而已，非果以般若涅槃爲身心之利，而思証入之也（註一二二）。

梁王二氏皆單就佛教之盛行而言其原因，當然佛教之盛行，此外與印度佛徒之熱心傳教，中國與西域之交通，以及中國學術思想中缺少高深抽象之玄理而爲有智慧者所不能滿足等，亦均有或多或少之關係。

至於道教盛行之主要原因，可謂與佛教相同，亦是在於世局之混亂。在混亂之世局中，人們多受其苦，因而求逃避或救度，信道教亦是途徑之一。其他如道教之神仙長生，乃凡人均欲追求而不可獲得者，其說可謂適合人人之需要。雖然神仙長生未必實現，然其中含有神秘意味，亦可滿足人們超現世之玄妙企求。此外曹操之禮遇張魯，唐代之特崇老子，自亦與道教之盛行有關也。

第四節　佛道教義與儒家思想

佛教與道教皆是宗教，而凡宗教皆須具有一定之要素與特質，亦即其所以成爲宗教者。一切宗教之所以爲宗教之要素，一爲神或其相當某物。蓋因宗教之發生，乃由於人之有痛苦、無常、有限與卑汚之感，以及對此痛苦、無常、有限與卑汚之感有所自覺與認識，進而有得安樂、有常、無限與神聖之需要，而尋求其獲得之道。而其尋求多趨向於外，非趨向於內，此與一般道德修養之起點不同。因而其所尋求到者，必是一種外在之超越力量。當其尋到自以爲是之外在之超越力量時，則敬奉之信仰之，由敬奉與信仰使其內心獲得安樂、有常、無限與神聖。而此外在之超越力量，卽是宗教之所謂神或其相當某物，因有此神或其相當某物，人心始有敬奉與信仰之目標，有敬奉信仰之目標，始有所寄託，有所安頓，有所依靠。而此神或其相當某物必是全知全能全德，至少在某一方面是如此（因爲多神教或有多種神分別專司某事）。此全知全能全德之神或其相當某物實本由人所創造，以作爲敬奉信仰之目標，藉使內心有所寄託安頓與依靠，從而獲得安樂、有常、無限與神聖者。神或其相當某物既爲人所創造，自必因創造之人而有所不同；然人在此基本企求上又大致相似，因而其所創造之神或其相當某物又必有其共同之處。佛教之此種神或其相當某物爲佛。道教則初爲太上老君或玄元皇帝，自六朝以來爲元始天尊，或其他諸宮中其他之神（註一二三）。太上老君、玄元皇帝、或元始天尊等等，皆是最高之神，具有全知全能全德，統轄衆神衆人，其地位永遠在衆神衆人之上，而爲衆神衆人所不能達到者，衆人僅能由信仰、崇拜與修養而爲道士，由道士而成神仙，却永不能爲太上老君、玄元皇帝或元始天尊。佛則不同，是一種由信仰、崇拜與修養，而達德行圓滿之最高成就，在理論上人人皆可成佛。佛是全知全德，然却非全能，蓋一切事物皆是不生不滅，佛亦不能加以改變。由此觀之，佛實不具備一般所謂最高神之資格。然佛仍爲教徒敬奉信仰之目標，仍爲一種超越之外在力量，人們由之而得寄託、安頓與依靠，仍可獲安樂、有常、無限與神聖之感。雖不是神，然頗相當於神。

宗教之所以爲宗教之第二要素爲崇拜儀式。人尋到一種可依靠可信賴之外在超越力量之後，則必崇拜之，而崇拜必有一定方式，此方式卽宗教之崇拜儀式。崇拜儀式自一方面言，是人於崇拜其所信奉之神或其相當某物之自然表現；自另一方面言，則是引發人崇拜情意之方法，與崇拜時所必須遵守之規範。崇拜本屬心內之事，然誠於中則形於外，人內心中對其所信奉之神或其相當某物有崇拜之情意，自然會表現於其動作、語辭、或其他方法，各人之表現雖常不相同，然必與其所信奉之神或其相當某物之品性有關，如某些低級宗教之以人爲犧牲，卽因其神有嗜食人之品性。因而同一宗教之信徒，其崇拜之表現根本處必大致相同，然終不會完全相同，且常嫌雜亂參差，於是須加以規整，求其統一，而形成一固定之崇拜儀式。其後其教徒欲表示對其神或其相當某物之崇拜時，便須遵守此固定儀式，不能違背。至此，原由人內心所表現而形成之崇拜儀式，又轉而引發人之崇拜情意與規整人之崇拜行爲。信徒遵循崇拜儀式對其神或其相當某物表示崇拜，並由是得與之交通、相處，由彼處得到安樂、有常、無限與神聖。信佛教者目的在成佛，信道教者目的在成仙，成佛與成仙皆係由信仰與修養而達到之境界，且均在現世之外，質言之，信佛與信道者，皆不欲在現世上有所得，且須拋棄現世上之許多爲常人所欲之事物。此乃是高級宗教，不如一般低級宗教一般，欲藉其所信之神之力量獲得權力，獲得勝利，保障其現世上之富貴尊榮，可謂對其所信之神除崇敬信奉而作爲一嚮往之目標外，其他別無所求，而其所信之神亦是德行圓滿，絕無貪慾偏私，因而佛徒與道徒之崇拜儀式中，皆無如某些低級宗教般，須設法滿足神之貪慾嗜好，以報答之，甚至賄賂之。至於佛、道之崇拜儀式，其特殊者，各宗派間或有不同，就其主要而普通者言，在佛教，有頂禮膜拜，所謂頂禮，卽叩頭而頭着地，所謂膜拜，卽虔誠之敬拜。有唸佛，卽時時誦念阿彌陀佛，阿彌陀爲梵語無量之義，謂佛光明無量，壽命無量也；其前可加南無，卽梵語歸順之義，意謂歸順無量佛，亦卽歸順佛命也。此雖爲淨土宗所重，然他宗率皆採之。有祈禱，祈禱時讀告文。又有唸經，唸經意在誦念佛之語言也。沐浴潔齋亦是崇拜儀式中之一環，爲行重大崇拜前所必先行者。若禪宗，主張以心傳心，則不注重崇拜，更不重儀式。在道教亦重沐浴潔齋，於重大崇拜或其他儀式前先行之。此外道教亦重誦經。又有祈禱祭告以崇敬神而求福壽，而祈禱祭告時必宣讀奏章之文，名曰青詞，以用青藤紙書朱字故也。道徒常唸咒語，乃對神要求懲罰惡人，爲善人除害，或對神宣誓，自作不失信背義之保證。而焚香則是佛道共同之儀式之一。總而言之，佛道之崇拜儀式大體相近，雖有出入，然其精神一致，皆在對其所信之神表示信仰崇敬之誠意，表示信道心志之專一，表示歸依順從等等，而藉以加強信心，促進修養也。

戒律亦爲一切宗教之所以爲宗教之要素。所謂戒律，卽一宗教之所有教徒所必須遵守之行爲與思想之規則。此種規則之制訂，乃以各宗教設想中其神或其相當某物之行爲思想爲模範，以各宗教設想中其神或其相當某物對人之行爲與思想之要求爲依據。戒律必與教義相符合，是將教義簡明化具體化以約束教徒之思想行爲者，故宗教戒律亦卽神或其相當某物之道德規範或法律命令。教徒旣崇敬信奉其神或其相當某物，自必服從其道德規範與法律命令，亦卽須遵守戒律。唯如此，自神或其相當某物之眼光觀之，始可成爲合格之信徒。不然，則爲叛徒。戒律不僅可約束教徒之行爲思想，使其不背教義，亦可啓發並培養教徒對神或其相當某物之崇拜情意與信仰心理，並協助其修養。教育學上有心能形成說，謂可藉外面之材料以形成內部之心，頗可用以說明宗敎戒律之此一功能。各宗敎之神或其相當某物之品性不同，其敎義不同，其戒律自亦因之不同，於是各宗敎間敎徒之行爲思想標準各不一致，此以爲是者而彼以爲非，此以爲非者而彼以爲是，一宗敎認爲道德之事，他宗敎或以爲罪惡，因之宗敎之間常有不相容忍而彼此衝突之事。然宗敎乃人所創，而人心不同雖各如其面，然不過指小處或特殊方面而言，若就大處或一般方面言，則是「人同此心，心同此理」。人與人之心理可謂大同而小異。以是各高級宗敎之間，其戒律或有小異或特異之處，而根本上必大致相似。佛道之間卽係如此。茲舉佛道之重要戒律比較觀之。佛敎之戒律仔細研究，甚爲複雜，單大藏經中所載律部經典卽有八十七部之多，其戒律有出在家共守者，有單爲出家人所守者。最有名者爲四分律。律宗特重戒律，亦以四分律爲主。律於實行上之規定，比丘有二百五十戒，比丘尼有三百四十八戒，謂之「具足戒」。就其最普通最重要者言，如受十善戒經中所載有十惡、八戒。所謂「十惡者，一殺生業，二偷盜業，三婬欲業，四妄語業，五兩舌業，六惡口業，七綺語業，八貪欲業，九瞋恚業，十愚痴業」。所謂八戒，「一者不殺，二者不盜，三者不婬，四者不妄語，五者不飲酒，六者不坐高廣大床，七者不作倡伎樂故往觀聽，不着香薰衣，八者不過中食（註一二四）。其他各經中尚注重淨定等心戒。餘戒雖多，要皆不出十惡、八戒等範圍。道敎之戒律，如仔細探究，亦甚繁雜，而各經所載者亦少有出入，然大體相去不遠，如三洞衆戒文中之閉塞六情戒文爲：「第一戒者，目無廣瞻，亂諸華色……第二戒者，耳無亂聽，混於五音，……第三戒者，鼻無廣嗅，雜炁臭腥，……第四戒者，口無貪味，脂薰之屬……第五戒者，手無犯惡，不竊人物，……第六戒者，心無愛慾，搖動五神，……」(註二二五)。又如虛皇天尊初眞十戒文爲：「第一戒者，不得不忠不孝，不仁不信……第二戒者，不得陰賊潛謀，害物利己，……第三戒者，不得殺害含生，以充滋味，……第四戒者，不得淫邪敗眞，穢慢靈炁，……第五戒者，不得敗人成功，離人骨肉，……第六戒者，不得讒毀賢良，露才揚己，……第七戒者，不得飲酒過差，食肉違禁，……第八戒者，不得貪求無厭，積財不散，……第九戒者，不得交游非賢，居處雜穢，……第十戒者，不得輕忽言笑，舉動非眞，……」(註二二六)。依上述觀之，佛道之戒律，其重要者大致相同，如不殺不盜不貪不淫等是，於己皆求淸淨，於人於物皆求慈惠，且道戒有抄襲佛戒之痕跡，如道三洞衆戒文中之八敗文：「……六者雜臥高廣大床」，顯襲佛八戒中之第六戒。然亦有不同之處，其大者，如道教以不忠不孝爲戒，自主張事父母敬君上。而佛教則反以敬俗爲戒，梵網經下卷謂出家人法不禮拜國王父母六親。涅槃經卷六謂出家人不禮敬在家人。四分律謂佛令諸比丘長幼相次禮拜，不應禮拜一切白衣。佛本行經卷五十三謂輸頭檀王與諸眷屬百官禮拜佛及諸比丘等。其他瑣碎之不同處尚多，然未必相反，茲不述。

宗教之所以爲宗教之特質，要者有二。一爲神秘性。宗教之產生創立，由於感到人世間之問題而圖探索以求其解決，然探索至相當高度與深度之時，則不獨不能解決，尙且不能瞭解，在一般學術上，至此則當暫時擱置存疑，而在宗教上則以肯定之態度稱之爲神或相當某物，隨而將人不能有或難以達到之知能德之神性賦予該神或其相當某物，然後轉而依賴此神或其相當某物以解決一切問題。神或其相當某物既在人所能達到所能瞭解之範圍之外，且以其全知全能全德以監督人，管束人，對人施懲罰，解決人之一切問題，故有相當之神秘性。凡宗教必具有神秘性，唯因宗教有神秘性，始可以爲人所信仰。蓋宗教上之信仰與政治上之信仰不同，政治上之信仰由於瞭解，而宗教上之信仰正由於有所不瞭解，乃因政治爲現實之事，而宗教則是超現實之事。若一宗教之神或其相當某物所能瞭解者，人亦能瞭解，所能做到者，人亦能做到，則此宗教毫無神秘性，亦必不能獲得人之信仰。就道教言之，有主宰一切至高之神。其神仙，雖可謂一種境界，亦可謂一種神秘。又如其丹鼎派之長生不死，符籙派之驅除鬼病，以及罪大者入地獄，爲畜牲、餓鬼，又可誦經超度死者脫離苦難等，皆極神秘。就佛教言之，雖其佛爲德行圓滿而達最高境界之人，且理論上人人皆可成佛，似無神秘色彩，然佛教中仍有地獄、生死輪廻、因果報應之說，亦可誦經超度死者，亦極神秘。不過總括言之，道教之神秘色彩似較佛教爲重。

二爲未來性。所謂未來性，卽超現實性。所謂超現實性，卽非今生者，非實有者。人信仰宗教雖可得到今生之安慰與快樂，然此安慰與快樂之獲得，並非由於對今生之實有問題之解決，而係由於對今生實有問題未來可能獲得解決之希望與信念。而且此未來相當遙遠，非今生所能達到，甚至永遠不能達到。以此，宗教上之信仰與政治上之信仰不同，在政治上信仰某種主義，正因其能解決今生之實有問題，故政治必有現實性，不能如宗教一般將其目標懸在遙遠之未來，今生或許多代人之今生永不能達到，而必對今生之實有問題有所解決，始可予人以安慰與快樂。宗教却正相反，如佛教之西方極樂世界，道教之洞天福地，均不易於今生今世實際達到。卽佛教之成佛，道教之神仙，雖可立地而成或修養而致，然此均不過理論如此，卽使可能，亦僅限於極少數有特異秉賦之人，實際上對大多數人而言，則仍難達到，或永不能達到，故仍具相當之未來性。

佛道同是宗教，因創立之環境不同，創始人之性格不同，所憑藉之文化傳統不同，對問題之見解與解決之道不同等等，彼此自有歧異。如道教之出世性不如佛教徹底，尙關懷政治家庭（註一二七）；佛教之神秘性不如道教濃厚，比較重理等是（註一二八）。但就其同爲宗教言之，其基本上仍有若干大體相似之處。如皆信奉一超越之外在力量，皆有崇拜儀式與戒律，且多相似，皆出世而含有神秘性未來性等是。

而儒家則非宗教（雖亦稱爲儒教），是爲理性的現實的學問，因而絕無神秘色彩與出世傾向。孔子「不語怪力亂神」（註一二九），不言「死」（註一三〇），雖亦重祭祀，然就祭祖先而言，其意義在於「愼終追遠」，其目的在於「民德歸厚」（註一三一）；就祭神言，僅是「祭如在，祭神如神在」（註一三二），以致誠敬而求心安而已，均無任何神秘色彩。孔子言仁，孟子兼言仁義，荀子言禮義，均爲現實人間之事。彼所言之聖賢，亦均是現實中人間之完人。論孟荀之主要內容不外乎個人之修養，人民之教養，與國家之治理，以及大學中所言格物致知誠意正心修身齊家治國平天下，皆屬當今之事，現實之事。以此佛教對倫理政治全加否定，道教雖未全加否定，然亦未十分肯定，而儒家對倫理與政治則完全十分肯定。儒家既非宗教，當然亦不信奉某種超越之外在力量，以爲嚮往之目標與獲救之依賴，而是教人肯定其自我，實現其自我。儒家重祭祀，亦重禮，其祭祀之禮或可視為崇拜儀式，然其教人行為之事，如「已所不欲，勿施於人」（註一三三），「勿忘，勿助長」（註一三四）等，則與宗教之戒律絕不相似。蓋其一，戒律出於神令，遵守者係出於被動，而此則出於自發自動。其二，戒律須靠果報或神罰維持，而此則靠各人之理性與意志維持。以此，儒家與佛道之間可謂根本不同。中國思想以儒家為主流，雖有其他諸家並行，然讀書人多以儒家自命，一般人民多奉儒家禮教。自命為儒家之讀書人雖或間信其他諸家學說，而要以儒家之道為本，尤以漢代之後，讀書人皆不願自立於儒家之外，被稱為法家或道家。一般人民雖或信奉佛道神異之說，而於人倫關係與現實生活之中，仍以儒家禮教為宗。佛道信徒以外之讀書人與一般人民皆可謂之俗人，俗人既多奉儒家學說與禮教，而儒家學說與禮教又與佛道大不相同，因而俗佛道之間必有若干不能相容之處，其相互爭論，自所難免。

儒家為入世之學，而非宗教，故與佛道皆不相同。然就其皆教人為善言之，則仍復相同。就其異者言之，即佛道同為宗教，其間仍有若干不同之處。不過佛道皆重出世，故佛教初傳入道教初成立之時，彼此以為相近，而互表歡迎，信者亦每浮屠老子並祠，如後漢書楚王英傳云：「楚王英，晚節更喜黃老學，為浮屠齋戒祭祀」；襄楷傳載襄楷上書中云：「聞宮中立黃老浮屠之祠」；又漢魏之世，佛道之理均未闡揚，未顯其異，無從相互排斥。且佛道均未發達，信者不衆，影響未深，儒者無須排斥佛道，佛道之間亦無須相爭。由晉而後，一方面佛道盛行，信徒益衆，對世道人心倫理政治均起影響，一方面佛道經典漸多，教理漸見充實，差異漸顯，因而俗人與佛道以及佛道相互之間，或為道理，或爲生存，乃發生激烈之爭論。初因佛道間以爲相近而表歡迎，以其未盛，亦不與儒者衝突，因而三教並稱。牟融著理惑論，將儒釋道三家之理相提並論。其後復依教人爲善之觀點，以爲三教相通，並行不悖。佛道之徒亦習五經，三家之書並講。如梁之王綸、馬樞講三家之書（註一三五）；南齊張融臨終時，左手執孝經老子，右手執法華經（註一三六）；又如前述隋高祖既保護佛教，亦保護道教。唐代帝王多佛道並信者，如唐高祖、中宗、敬宗（註一三七）等是。而彼等同時亦奉行儒家禮教，提倡儒家之學。呂洞賓則直接提倡三教一家之說（註一三八）。唐末李翶之復性書，則是儒佛道融合之具體表現（註一三九）。至宋則於學術思想上大事融合，道學家採用佛道之理，佛道之徒研究儒家典籍。如程朱之理、靜，是採自佛家；周濂溪、邵康節之象數之學，是源於周易參同契。又和尚智圓號中庸子，作中庸傳；契嵩作中庸解等。如此，儒佛道於理之分別已不甚明顯，故相互攻擊，將失其意義；又佛道發展大致完成，生存之基礎已皆穩固，且久而相安，已不必相爭。而佛道流傳既久，其中若干部份早爲人民所接受，化入人們之觀念與生活之中，而視爲當然甚而不知其來自佛道。至此儒者已不能排斥，隨而亦無須排斥。

第一章附註

註一　佛滅紀年抉擇譚，頁七四。

註二　依釋印順考證，約當西元前二七五年之後。同上。

註三　第二十章。
註四　漢魏兩晉南北朝佛教史，頁一六至一九。
註五　同上書，頁一二。
註六　對傅奕廢佛僧事幷啓，唐釋道宣集廣弘明集卷一一。
註七　卷七二，光武十王傳，楚王英。
註八　中國佛法興衰沿革說略，飲氷室合集，第十四册，專集之五一，頁二。
註九　明佛論，梁釋僧祐撰，弘明集，卷二。
註十　同註六。
註十一　參閱周紹賢著道家與神仙，頁二、三。
註十二　自敘篇。
註十三　道家思想與道教，燕京學報，第二期。
註十四　周紹賢著道家與神仙，頁五。
註十五　左傳昭公二十年。
註十六　戰國策楚策。
註十七　外儲說左上。
註十八　周紹賢著道家與神仙，頁一。
註十九　太平御覽八四二引劉向別錄。

註二十　王充論衡感虛篇。
註二十一　史記卷七四，孟子及荀卿列傳。
註二十二　史記卷二八封禪書，及卷六秦始皇本紀。
註二十三　史記封禪書及漢書卷二五上郊祀志上。
註二十四　國語楚語。
註二十五　史記秦始皇本紀，裴駰集解引茅盈內紀。
註二十六　周紹賢著道家與神仙，頁五〇至五一。
註二十七　後漢書卷六〇下，襄楷傳。
註二十八　襄楷傳唐章懷太子註。
註二十九　三國志卷四六，孫策傳注引江表傳。
註三　十　後漢書卷一〇一，皇甫嵩傳。
註三十一　張道陵、于吉及張角之道，皆大致相同，重畫符唸咒，治病捉妖，可謂道教中之符籙派。又漢末魏伯陽著參同契，晉葛洪著抱朴子，皆繼神仙之說，主鍊丹服食，長生成仙，是爲丹鼎派。至南宋，又有南宗北宗之分，其說見第二章第一節。
註三十二　周紹賢著道家與神仙，頁六五。
註三十三　同註七。
註三十四　魏書卷一一四，釋老志。

註三十五　同註二十七。

註三十六　觀牟子理惑論可知，載弘明集卷一。

註三十七　同註三十四。

註三十八　梁釋慧皎高僧傳佛圖澄傳及晉書佛圖澄傳。

註三十九　各見晉書本傳。

註四　十　晉書卷九，孝武帝紀。

註四十一　晉書卷十，恭帝紀。

註四十二　見各本紀及各本傳。

註四十三　同註三十四。

註四十四　王治心中國宗教史大綱，頁九二。

註四十五　中國佛法興衰沿革說略，飲氷室合集，第十四册，專集之五一一，頁八。

註四十六　隋書卷一，高祖本紀上。

註四十七　蓋一則感恩圖報，一則自幼受其薰陶，自生崇敬之心。

註四十八　隋書高祖紀下，及北史隋本紀上。

註四十九　釋彥琮福田論末釋道宣附語，廣弘明集卷二十八。

註五　十　舊唐書卷一，高祖本紀；新唐書卷一，本紀第一。

註五十一　新唐書卷二，本紀第二。

註五十二　舊唐書卷四，高宗紀上。
註五十三　舊唐書卷六，則天皇后本紀。
註五十四　舊唐書卷十三，德宗紀下。
註五十五　舊唐書卷十四，憲宗紀上。
註五十六　同上，憲宗紀下。
註五十七　舊唐書卷一六，穆宗本紀。
註五十八　舊唐書卷一八上，武宗本紀。
註五十九　舊唐書卷一八下，宣宗本紀。
註六　十　舊唐書卷一九上，懿宗本紀。
註六十一　新唐書卷九，本紀第九。
註六十二　王治心中國宗教思想史，頁一一六至一一七。
註六十三　中國佛法興衰沿革說略，飲氷室合集，第十四冊，專集第五十一，頁十。
註六十四　後漢書卷一〇五劉焉傳，及三國志卷八張魯傳裴松之註。
註六十五　晉書卷八，王羲之傳。
註六十六　晉書卷七七，何充傳。
註六十七　晉書卷八四，殷仲堪傳。
註六十八　晉書卷一〇〇，孫恩傳。

註六十九　南齊書卷五七，顧歡傳。

註七　十　南史卷七六，陶宏景傳。

註七十一　魏書卷二本紀。

註七十二　北魏書卷四下，世祖紀下；及卷一一四釋老志。

註七十三　北史卷五，魏本紀第五。

註七十四　唐釋道宣續高僧傳衞元嵩傳。

註七十五　同註四十五。

註七十六　同註四十八。

註七十七　唐釋道宣叙太祖皇帝令道士在佛前表，廣弘明集卷二八。

註七十八　舊唐書卷五，高宗紀下，新唐書卷三略同。

註七十九　舊唐書卷七，中宗紀。

註八　十　舊唐書卷七，睿宗紀。

註八十一　舊唐書卷八，玄宗紀上。

註八十二　舊唐書卷一三〇，王璵及李泌傳。

註八十三　舊唐書卷一七上，敬宗紀。

註八十四　同註五十八。

註八十五　三國志魏志卷四及晉書卷三。

註八十六　宋書卷十及齊書卷一。

註八十七　齊書卷八及梁書卷一。

註八十八　梁書卷六及陳書卷一。

註八十九　魏書卷一二及北齊書卷四。

註九　十　周書卷三。

註九十一　北齊書卷八。

註九十二　周書卷八及隋書卷一。

註九十三　隋書卷五及舊唐書卷一。

註九十四　晉書卷十及宋書卷二。

註九十五　陳書卷六及隋書卷一。

註九十六　三國志魏志卷二文帝紀，卷四陳留王奐紀；晉書卷三武帝紀，卷十恭帝紀；宋書卷一武帝紀上，卷三武帝紀下，卷十順帝紀；梁書卷一武帝紀上，卷三武帝紀下，卷六敬帝紀；隋書卷一高祖武帝紀上。

註九十七　晉書卷一。

註九十八　晉書卷二。

註九十九　同上。

註一〇〇　晉書卷三。

註一〇一　三國志魏志卷四。
註一〇二　均見魏志各本紀。
註一〇三　均見晉書各本紀。
註一〇四　均見宋書各本紀。
註一〇五　均見齊書各本紀。
註一〇六　陳書卷五本紀。
註一〇七　梁書卷四簡文帝紀及卷五、六侯景傳。
註一〇八　魏書卷四下太武帝紀，及卷九四宗愛傳。
註一〇九　魏書卷九，孝明帝紀。
註一一〇　魏書卷十，孝莊帝紀，及北史卷四八，尒朱榮傳。
註一一一　均見魏書各本紀。
註一一二　北齊書卷五本紀。
註一一三　周書卷三。
註一一四　隋書卷三本紀上。
註一一五　舊唐書卷六本紀。
註一一六　晉書卷一。
註一一七　晉書卷二。

註一一八　資治通鑑卷一三九。
註一一九　北周書卷一、二文帝紀上下，北齊書卷一、二神武帝紀上下，及魏書卷一二孝靜帝紀等。
註一二〇　魏書卷九四宗愛傳。
註一二一　中國佛法興衰沿革說略，飲氷室全集，第十四冊，專集之五十一，頁四。
註一二二　讀通鑑論卷五，宋明帝。
註一二三　傅家勤著中國道教史，頁九九至一〇〇。
註一二四　大正新脩大藏經，十四冊，頁一〇二三至一〇二四。
註一二五　卷上，正統道藏，十八冊，洞眞部，戒律類。
註一二六　正統道藏，洞眞部，戒律類。
註一二七　如太平經之主旨，及虛皇天尊初眞十戒文之第一戒、第五戒等。
註一二八　除佛爲理想之完人，較太上老君或元始天尊少神秘色彩外，佛經大體亦較道藏長於說理。
註一二九　論語述而。
註一三〇　論語先進篇，孔子答季路問死曰：「未知生，焉知死」。
註一三一　論語學而曾子曰。
註一三二　論語八脩。
註一三三　論語顏淵及衞靈。
註一三四　孟子公孫丑上。

註一三五　陳書卷一九馬樞傳。
註一三六　南齊書卷四十一張融傳。
註一三七　各見舊唐書本紀。
註一三八　顧敦鍒，佛教與中國文化，學術季刊二卷二期。
註一三九　李文公集卷二。

第二章　倫理問題

晉南北朝隋唐期間，俗佛道爭論之中，所涉及之與政治有關問題，其重要者，曰倫理關係，君臣關係與夷夏之辨，以及財經、兵役與治效等問題。本章茲先就倫理問題論述檢討之。

倫理關係中，以親子與夫婦爲最重要，其他皆由親子關係與夫婦關係推擴或演生而來。故俗佛道爭論倫理問題時，以談親子關係與夫婦關係爲多，或亦間及兄弟關係。而其爭論之重點，則在於孝順父母問題與蓄養妻子問題，偶而亦涉及和睦兄弟問題。

第一節　孝順父母

人由父母所生養，自應孝順父母。儒家重倫理，尤其重孝，其經典之一即爲孝經，專言孝道。一般人皆由父母所生養，思報昊天之德，本具孝心，加以儒家之倡導強調，對孝自然更加重視。而佛教出家之徒，遠離父母，捨棄俗情，斷絕孝道，與國人觀念相背，自爲一般人所不能容忍，當佛教盛行之際，目擊大批僧尼離棄父母，出家修道，不禁加以責難評擊。而道教之徒，忌佛教之發達，圖己教之生存，正可藉此爲題，以打擊佛教，爭論由之而起。

佛教出家，棄親背孝，東漢之末已有俗人爲之斥責（註一）。至晉以後，斥責者漸衆，而佛徒亦相繼爲之辯解。如晉時有人批評出家佛徒不孝，不合儒家之道曰：

> 周孔之教，以孝爲首，孝德之至，百行之本，本立道生，通於神明。……而沙門之道，委離所生，棄親卽疏，……骨肉之親，等之行路，背理傷情，莫此之甚。而云弘道敦仁，廣濟羣生，斯何異斬刈根本而修枝幹，……皮之不存，毛將焉附（註二）。

謂親如父母尚且不孝，而云廣濟羣生，實是捨本逐末。佛徒孫綽乃出而辯駁之，其主要理由有二：一爲盡孝之道，要在得父母之歡心。而孝有大有小，若不得兩全，則當違其小者而盡其大者；所謂大孝者，貴在立身行道，以顯榮父母。故云：

> ……故唯得其歡心，孝之盡也。父隆則子貴，子貴則父尊。故孝之爲貴，貴能立身行道，永光厥親。……夫忠孝名不並立……然則結纓公朝者，子道廢矣？何則見危授命，誓不顧親，皆名注史筆，事標教首，豈復以不孝爲罪？故諺曰：求忠臣必於孝子之門。明其雖小違於此，而大順於彼矣。

如禹不計父之受誅，而受命於舜；泰伯棄骨肉之親，以行道於殊域，皆稱大賢。釋迦之棄國學道，「道成號佛」，「光過日月，聲協八風」，神力無邊，渡濟衆生，父母顯榮，而成大孝。因而篤志之士，欲效釋迦出家修道。二爲佛教不獨不輕視孝道，且極爲重視。俗人以爲佛徒不孝，乃出於誤解。故云：

> 佛有十二部經，其四部專以勸孝爲事，殷勤之旨，可謂至矣。而俗人不詳其源流，未涉其

場肆，便聲言妄說，輒生攻難，……以誣罔爲辨，以果敢爲名，可謂狎大人而侮天命者也（註三）。

孫綽以立身行道爲孝之大者，於理勉強可通，然以佛徒出家即是立身行道，則未必爲俗人所承認。至謂佛經勸孝，確屬事實，如目蓮經等卽是。然實際上僧徒却仍出家，背棄父母。而人所指斥者乃僧徒出家之行爲，而非佛經，其以佛經爲對，可謂答非所問。又如宋之道士顧歡，亦以佛徒唯尊佛法，而棄其親，是大不孝，故評之曰：

嗜慾之物，皆以禮伸，孝敬之典，獨以法屈，悖德犯順，曾莫之覺（註四）。

謂佛徒以禮伸其所欲，將孝屈於佛法，實屬違背道德。佛徒朱廣之出而駁之曰：

若悖德犯順，無施而可慈；敬惠從和，觸地而通。是以損膳行道，非徵凶之宅；服冕素餐，非養正之方。屈伸之望可相絕於此矣（註五）。

意謂出家佛徒行道，減損膳食，與俗人絕異，故其行孝之途徑亦與俗人不同。以吾人觀之，其不同者，實是俗人行孝，而出家佛徒不行孝也。

齊時有道士假張融作三破論，謂佛教入身破身，入家破家，入國破國。就其破家而言，「使父子殊事，……遺棄二親，孝道頓絕，骨肉生讎，服屬永棄。悖化犯順，無昊天之報，五逆不孝，不復過此」（註六）。梁劉勰爲滅惑論以駁斥其說，以爲佛徒並無不孝，其理由有三：一是佛徒出家，乃先得父母之同意，而云：

是以諮親出家，法華明其義；聽而後學，維摩標其例。豈忘本哉？

二是出家修道，可將亡故之雙親或祖先靈魂救出苦海，使得永恒之樂，其價值遠在俗人暫時侍養之上。故云：

故知瞬息盡養，無濟幽靈；學道拔親，則冥苦永滅。審妙感之無差，辨果之可必，所以輕重相摧，去彼取此。

三是佛徒雖無服制，亦不碍於孝。蓋服制本隨文明發展之階段而異，眞俗之間自亦有所不同。故云：

若乃服制所施，事由追遠；禮雖因心，抑亦沿世。……佛之無服，理由拔苦；三皇廢喪，事沿淳樸。……三皇以淳樸無服，五帝以沿情制喪，釋迦拔苦，故棄俗返眞。檢跡異路，而玄化同歸（註七）。

劉勰謂僧徒出家，先得父母同意，吾人未知是否屬實，暫不置評。而謂出家修道，可救已故之親脫離苦海，乃是主觀之信仰，不可作爲論辯之証據。至謂服制隨文明發展之階段而異，確乎不差，而其時乃極重服制之時代，佛徒何爲獨輕服制，而與文明發展之階段相違哉？

以上所述，均是俗人或道士以孝爲武器向佛敎進攻，而佛徒言孝純出自衛。至周武帝下詔廢佛法，佛徒自亦多方謀求自衛，然於孝道理論則係採取攻勢，而周武帝反採守勢。當周武帝廢佛法詔下，佛徒任道林，即上奏周武帝，謂其廢父所信之佛法，實屬不孝，而云：

臣聞孝者至天之道，順者極地之養，所以通神明，光四海。百行之本，孰先此孝？……何有信己心智，執固自解，倚恃爪牙，任從王力，殘壞太祖所立寺廟，毀壞太祖所事靈像，休廢太祖所奉法教，退落太祖所敬師尊？且父母床几，尚不敢損虧，況父之親事，輒能輕壞（註八）？

而周武帝乃爲之辯解曰：

孝義之道，寧非至極，若專守執，惟利一身，是使大智權方，反常合道。……滅事若有益，假違要行；儻非合理，雖順必窮。不可護一己之名，令四海懷惑，外乖太祖，內闊黔元。今沙門還俗，省侍父母，成天下之孝，各各自活，不惱他人，使率土獲利，……卽是揚名萬化，以顯太祖，卽孝之終也（註九）。

向之佛徒爲求自衛，苟人謂其不孝，常以孝有大小，當順其大者，而捨身行道，顯榮父母，卽是大孝。今周武帝答任道林之語，其口氣與理由，可謂與向之佛徒爲求自衛而發者，直是相同。

佛徒反駁不孝之譏，常以立身行道爲出家棄親之理由。雖云立身行道，可顯榮父母，卽是孝行，且是孝之大者，理尙可通，然而以爲立身行道非出家不可，家與道二者絕不能兼顧，則屬悖謬。故隋有樂行公子提出質疑云：

僕聞貞不絕俗，隱不違親，所以和光於塵裏，披蓮於火內。……且道本靈通，觸無不是，何必絕棄於冠簪，專在於錫鉢……（註一〇）。

而佛徒梵行先生之答辯，則仍不出一般佛徒之意，以為牽掛世俗，不能專心修道，如不出家棄親，必於立身行道有碍（註一一）。若依佛教隨緣修道，「挑水砍柴莫非妙道」之意，樂行公子之意見當為佛徒所接受。然而梵行先生仍起而反駁者，蓋以其與出家之教相違，為維持其出家之體制，不能不強為之解也。由此可見辯論並不能顯示眞理，糾正錯誤，所謂眞理愈辯愈明，未必然也。

唐代俗道與佛之間關於孝道之爭論亦多，如武德四年（註一二），曾為道士之太史令傅奕，奏請廢佛僧，亦論及僧徒之不盡孝道，僧徒如釋明槩，釋法琳等，均起而著文辯駁。僧徒出家棄絕父母，儘管有其理由，然自俗人觀之，終難容忍，加以佛教發達，為僧者衆，有人氣憤至極，而云：「斯則門出梟獍之子，人人養犲狼之兒」。對此釋道宣曾出而辯之（註一三）。不過雙方所持理由均與往前大致相同，故無須一一論述。

以上述俗佛道關於孝順父母問題之爭論，乃就孝順之義概括言之。若詳加分析，所謂孝順者，實包括奉養、敬拜、祭祀、繼嗣與體貌之保護等，而此諸項目，於俗佛道爭論孝道之時，均曾涉及，茲復依次述之如後。

一、奉養：以上之概括敍述，大體均與奉養有關，蓋遺棄父母，出家修道，自不能盡其奉養。茲專言奉養。晉時有人詆佛徒不孝，其中卽有奉養一項。其云：

故子之事親，生則致其養，……而沙門之道，委離所生，棄親卽疏，……生廢色養，……骨肉之親，等之行路，皆背理傷情，莫此之甚（註一四）。

而孫綽辯駁之曰：

若匍匐懷袖，日御三牲，而不能令萬物尊己，舉世我賴，以之養親，其榮近矣，……形名兩絕，親我交忘，養親之道也（註一五）。

孫綽之意，卽以養親爲非養親，以不養親爲養親，實是強詞奪理，無話找話說，雖佛教之理與俗不同，亦不當若是之悖謬也。

北周武帝廢佛，其詔書中有「退僧還家崇孝養」之語，僧釋慧遠辯曰：「立身行道，以顯父母，卽是孝行，何必還家？」武帝以爲不可，而云：「父母恩重，交資色養，棄親向疎，未成至孝」。而慧遠則以「帝左右皆有二親，何不放之，乃使長役，五年不見父母」相詰。武帝謂：「朕亦依番上下，得歸侍奉」。而慧遠曰：「佛亦聽僧冬夏隨緣修道，春秋歸家侍養」（註一六）。

慧遠之辯論實未能對奉養父母問題作圓滿解決，其以皇帝左右之臣下不在家奉養父母與僧侶齊觀，是甚不當。蓋一則皇帝之臣下賺取薪俸，以爲奉養父母之資，而僧侶則否，二則皇帝之臣下可定期或隨時歸家省親，而僧侶則否。其謂佛亦准許僧徒春秋歸家侍養，然其時之僧徒皆出家之後，卽永棄雙親，並未於春秋歸家侍養，其說可謂不切實際。父母應當奉養，任何人皆不能否認；奉養必須在家親侍或在外賺取奉養之資，亦爲任何人所必須承認；僧侶旣不在家親侍，亦不在外賺取奉養之資，又爲確切之事實。而必欲藉強辯以顚倒之，於情於理，自難妥洽。

唐朝太史令傅奕奏請廢佛僧時，亦曾言佛僧不在家奉養，爲當廢之理由之一（註一七）。而釋明槩辯駁之要點，一爲當時之道士，亦不在家奉養父母，不當單責備佛徒，二爲佛亦並非不重奉養，故「目蓮捧缽而飼母」，而道教之「陳瑞習道而夷族，公旗學仙而滅門」，是眞不孝也（註一八）。

唐朝而後至於南宋，道教有南宗北宗之分。南宗卽張天師派，不出家，娶妻有家室，飲酒食肉，北宗則出家，不畜妻子，不飲酒茹葷（註一九）。北宗雖南宋始正式成立，然其蘊釀必甚久，唐代或已有此類道徒，釋明槩謂道士不在家奉養，當指此類道徒。不過釋明槩之兩項論點皆不足以辯明佛僧不在家奉養之理，道士不在家奉養父母，不能成爲佛僧不奉養父母之理由；且明槩明以道士不奉養爲非，更不當與道士相同。至於謂佛亦重奉養，則與前述釋慧遠之說同屬不切實際。卽「目蓮捧缽飼母」，確爲事實，亦僅少數特例，以特例證通理，是以偏概全。明槩之所以評擊道士者，蓋以傅奕曾爲道士故也。其評擊道士，與道教固屬不利，然與佛僧不奉養父母之辯明，仍絲毫無關。雖然，於佛道生存發展之競爭中，不利於道教，亦卽有利於佛教也。

二、敬拜：對父母除奉養之外，尙須能敬，如單養不敬，仍不能謂之孝，故孔子云：「至於犬馬，皆能有養，不敬，何以別矣」（註二〇）？而古之最敬之禮是爲跪拜，因而對父母率以跪拜示其敬。沙門出家，不得敬俗，對父母自不跪拜致敬，此自俗人觀之，實屬悖道，極應斥責。如晉太尉桓玄曾譴責沙門不敬事王者（註二一）。古時君父同尊，既以沙門不敬王者爲非，自亦不以沙門不敬父母爲是。故釋慧遠答桓玄書中，卽附帶爲沙門不敬拜父母作申辯，而云：

出家則是方外之賓，迹絕於物，……此理之與世乖，道之與俗反者也，……是故內乖天屬之重，而不違其孝……（註二二）。

意謂出家人與在家人之道德標準不同，雖不敬拜父母，亦不爲不孝。且如敬拜父母，反不能絕物，有累於修道。慧遠既以爲佛俗之道德標準不同，俗之認爲須敬拜者，佛教以爲不必敬拜，何不乾脆亦謂世俗以爲當孝者，佛教以爲不當孝？其不如此之原因，蓋在於孝親一方面順乎自然之情，一方面乃世俗文化所造成之普遍信念，無人敢於公然否定。然而不敬俗又爲佛教之戒，佛徒既然出家，亦無法敬拜雙親，以是只有強爲之解，謂不敬拜父母無礙於孝。實則其於孝之妨礙大矣。且若不否定孝，而修道之目標在成覺行圓滿之佛，則孝亦應包括於佛之覺行之中，拜親又何以有累於修道？故桓玄又據其言予以反駁，其反駁之要點有三：

其一、「夫累著在於心滯，不由形敬，形敬蓋是心之所用耳」。

其二、「夫佛敬存行，各以事應，因緣有本，必至無差者也。如此，則爲道者亦何能遺之哉」？

其三、不敬拜者，「自有道深德之功，固非今之所謂宜教者所可擬議也」（註二三）。

桓玄反駁之第一點，意謂修道乃內心之功夫，敬拜則是形體之行爲，形體爲心所用，心不當爲形體所役，故敬拜不當有累於修道。佛教修道重內心之功夫，確乎不差，然謂形體不連累內心，終屬牽強。第二點謂佛徒之行爲應因事順應，隨緣修道，而父母爲因緣中之根本重大者，故修道者亦不可不敬拜父母。此點最爲中肯，蓋佛教中本有隨緣修道之說，爲何於父母之處獨不隨緣敬拜？第三點，乃依慧遠書中所說，修道有成者，「能拯溺族於沉流，拔幽根於重劫……」故可不拜父母而無虧於孝。

而謂此乃指功德高深者可以如此，今之一般佛徒不可與之相提並論。以此反駁慧遠之說固無不可，然其持論之本身却欠貫澈，蓋敬拜父母乃一切人子當盡之禮，不應以有道無道定其當盡與不當盡也。苟一切佛徒皆能修道有成，而爲有道之人，桓玄要求沙門敬拜父母之主張，豈非將根本撤銷？

出家僧尼，棄親隨師，以師爲尊而致敬拜，一般僧尼之地位，則以出家先後定其尊卑，其他俗世之關係身份概不論矣。其時有齊道士假張融作三破論，指斥此種情形曰：

> 子先出家，母後作尼，則敬其子，失禮之甚（註二四）。

梁釋僧順爲之辯解曰：

> 出家之人，尊師重法，棄俗從道，寧可一概而求？且太子就學，文王致敬；漢祖善嘉令之言，以太皇爲臣；魏之高貴敬齊王，作私晉之儲，后臣厥父於公庭。引此而判，則非疑矣（註二五）。

劉勰亦云：

> 若乃不跪父母，道尊故也；父母禮之，尊道故也。禮新冠見母，其母拜之，喜其備德，故屈尊禮卑也（註二六）。

彼等所言，大意有二。一謂出家人所尊重與所追求者爲道，與世俗之人不同，故不可對之與俗人作同樣之要求，斯義爲佛徒所恒揭示，前曾論之，此不贅言。二謂父母敬拜子女，俗世亦有其例，非獨出家僧尼然也。如母拜新冠之兒，皇帝以太皇爲臣，皇后於公庭之中亦以其父爲臣，人不以爲疑，何獨譴責尼之敬拜先其出家之子？似甚有理。然皇帝臣太皇與皇后臣其父，皆是於某些特殊場合爲之，且僅是表面文章，通常仍依父子關係，執子禮以敬拜其父。而僧尼一旦出家，則永遠不敬拜父母。且父子爲人倫之大者，卽帝王亦莫不承認而加推重。君臣亦爲人倫之大者，故爲父者有時亦對其爲帝王之子執臣禮。而僧尼之於師，僅係師徒關係，不可加於父子君臣之上，況僧尼出家先後之間，雖師徒關係亦無有者邪？

隋釋彥琮，爲辯沙門不應敬拜君親，曾撰沙門不應敬俗總論，以爲父母君主，出家之人皆不應敬拜。其所持理由，除謂僧侶「出處異流，內外殊分」，爲一般佛徒所常舉者外，尚云「若推之人事，稽諸訓詁，則所不應拜，其例十焉」。實則彥琮僅舉出九例，簡言之，曰僧如神祇，僧爲祭主，僧同儒行，僧猶介胄，僧任傳重，僧似逸人，僧比甚刑，僧等閑放（註二七）。凡此，依世俗眼光觀之，均不須敬拜他人，僧既與之相類相同，自不必敬拜父母。

彥琮之論，亦難令人接受。僧俗不同之說，前屢論之，茲不復言。卽所舉世俗九例，亦有問題，蓋謂僧如神祇，僧爲祭主，乃自抬身價，吹噓之詞，必不爲一般人所承認。至於儒行，傳重、逸人、甚刑、閑放等人，皆無不拜父母之理，卽介胄或因武裝不便，亦屬臨時，非經常也。尤有進者，彥琮既以僧俗不同爲不敬拜之理由，又以僧俗相同爲不敬拜之理由，先強調其不同，後又強調其相同，顯屬矛盾。

出家人應否敬拜其親之問題，歷經爭論，始終各持己見，未得調和。至唐高宗曾下詔令道士女冠僧尼敬拜君親，然未作硬性規定，而謂究竟應否敬拜，當付有司詳議（註二八）。當時道士未有異議，而僧徒則羣起抗辯。「時京邑僧等二百餘人往蓬萊宮伸表上請，左右相云勑令詳議，拜不拜未定，可待後集，僧等乃退。於是大集西明相與謀議，其陳啓狀，聞諸寮寀云」（註二九）。又如釋威秀上表高宗，釋道宣等上啓雍州牧沛王，有僧人上啓皇后之母榮國夫人楊氏，主張沙門不應拜俗（註三〇）。釋道宣又引證佛經，上言朝宰羣臣，謂沙門不應拜俗（註三一）。而彼等所持理由，不外第一、歷代帝王均聽僧尼不拜君親，第二、依照佛教經論不應拜俗，第三、僧尼出家，不同凡俗，乃一種高尚事業，應受尊敬，若令拜俗，於彼有損。

龍朔二年五月十五日，乃集文武官僚九品以上，及州縣官等千餘人，於中台都堂會議，討論出家人應否拜俗問題。會議中，中台司禮太常伯隴西王博乂，大夫孔志約、司元、司戎，司刑太常伯劉祥道，右大司成令狐德棻等，均主張不拜。主張必拜者，僅右兼司平太常伯閻立本等。長安縣令張松壽，則主張拜與不拜當視情況而定，「若歸覲父母，子道宜申，如在觀寺，任遵釋典」。彼等主張拜與不拜之理由，雖措詞或有出入，大意皆爲前人所已發（註三二），茲不列述。

由道宣所敍情形觀之，主張不拜者可謂佔大多數，主張致拜者爲數極少。雖道宣本身爲沙門，可能有偏袒之情，致多敍主張不拜者，而少敍主張致拜者，然其時實情，主張不拜者必較主張致拜者爲多，是無可疑也。究其原因，可能有三：一爲此次所關非僅僧尼，尚有道士女冠，佛道雖相排甚力，且道士女冠對拜與不拜不如僧尼關切，然終以不拜於道士女冠有益；故於此佛道之立場當屬一致。二爲出家人不拜父母，由來已久，蔚成風氣，幾爲多數人所公認，雖俗人常予指斥，然若眞正一旦全面改變，卽俗人亦將感覺突然；而於此情此景之下，確有令其改變之決定力量，思及其卽將改變，或又生不忍之情。三則唐代帝王多崇老奉道，兼尊佛法，高宗尤篤信道教，尊崇老子，而此次所議亦關係道士女冠，其本人未必堅主必拜，臣下體其意旨，於議論之時，當或有所斟酌。

經此辯論之後，高宗似覺羣情難拂，乃於本年六月八日下詔許沙門不拜君主，然謂對父母仍應致拜，而云：

> 尊親之道，禮經之格言；孝友之義，詩人之明准。豈可絕塵峻範，而忘恃怙之敬？拔累貞規，迺遺溫情之序？……其父母之所慈育彌深，祇伏斯曠，更將安設（註三三）？

舊唐書亦載：龍朔二年六月「乙丑初，令道士女冠僧尼等，並盡禮致拜其父母」（註三四）。至此，沙門致拜父母乃成爲法定。然沙門仍覺不服，繼續抗爭，有程士顒等之上沙門應不拜親表，釋道宣等之上榮國夫人楊氏論拜親無益啓，釋威秀等之上請不拜父母表，釋靜邁等之拜親有損表，釋崇拔之上親同君上不令致拜表。彼等所持理由，除道俗不同，拜親有損修道，歷代帝王皆許不拜，不拜不凝心敬等爲前所已發之外，另有一項理由，乃由高宗停沙門拜君詔所造成。彼等大意謂一國之內，君主最尊，一切父母均爲君主之臣，君主尚許不拜，何爲反拜父母。若拜父母，則是抗禮君主，而拜其臣下，其理之矛盾，甚爲顯然（註三五）。不過並未使高宗收回成命。

三、祭祀：祭祀不獨爲孝道重要節目，且與整個世道人心密切相關，蓋因祭祀可使人「愼終追遠」，以至於「民德歸厚」（註三六）。因而俗佛道關於孝道之爭論中，亦涉及祭祀問題。晉時卽有人批評沙門不行祭祀云：

故子之事親，生則致其養，沒則奉其祀，……而沙門之道，……生廢色養，終絕血食，……皆背理傷情，莫此之甚（註三七）。

而孫綽以爲一則信佛修道，若功德有成，不獨於孝道無虧，且可使逝者得福報，故無須祭祀；二則明德優於祭祀，出家修道，既在明德，亦何須祭祀？故云：

……既得弘修大業，而恩紀不替，且令逝沒者得福報以生天，不復顧歆於世祀，斯豈非兼善大通之道乎？夫東鄰宰牛，西鄰禴祀，殷美黍稷，周尚明德，興喪之期，於茲著矣（註三八）。

孫綽之見解，以爲信佛修道，功德有成，可使逝者得福報；福報可替代祭祀，故無須再行祭祀，於理可通。至謂明德優於祭祀，既明德，卽不須祭祀，則於理不合。蓋終算明德確實優於祭祀，然一方面明德雖優於祭祀，却不能替代祭祀，一方面祭祀雖不如明德，却不妨礙明德，故求明德仍不可廢祭祀。宋道士顧歡曾作夷夏論，以評擊佛教，其中亦指斥沙門廢祭祀之不當。而云：

上廢宗祀，……孝敬之典，獨以法屈，悖德犯順，曾莫之覺（註三九）。

其時朱廣之，釋慧通與南齊明僧紹等佛徒，均對之有所辯難。朱廣之與明僧紹之辯難，可謂避重就輕，模稜含混，頗不足論（註四〇）。釋慧通之辯難尚揭示明確之理由，其大意不出以前佛徒辯論孝道之範圍，而詞語略有不同，云：

> 夫道俗有晦明之殊，內外有語默之別。至於宗廟享祀，禘祫皇考，然則孝敬之至，世莫加焉。若乃煙香夕臺，韻法晨宮，禮拜懺悔，祈請無輟，上逮歷刼親屬，下至一切蒼生，若茲孝慈之弘大，非愚瞽之所能測也（註四一）。

卽謂佛俗不同，內外有別，故孝敬之標準有異，若宗廟享祀，禘祫皇考，俗人以爲至孝者，沙門則不以爲然。由沙門觀之，焚香供佛，禮拜祈請，可超度歷代親屬與一切蒼生，是爲眞正之大孝。佛俗標準不同之意，前曾論及，茲不復贅。

四、繼嗣：國人向以無後爲不孝，孟子曰：「不孝有三，無後爲大」（註四二）。沙門絕慾，以男女爲淫，不偶無後，與國人之觀念大爲抵觸，故東漢末，佛教傳入未久，卽有人以無後相指斥（註四三）。至晉有人指斥沙門不孝，亦以無後相責，而云：

> 周孔之教，以孝爲首，……三千之責，莫大無後（註四四）。

孫綽出而辯之，然係就一般孝道，以及體貌、奉養、祭祀等節目言之，而無專辯無後之語。雖然，窺其本意，當亦以爲沙門出家修道，乃一種特殊事業，不當以俗情衡之，故無後未必是不孝也（註四五）。

梁時荀濟上書梁武帝論佛教，對沙門無後多所指斥，如云：

> 今僧尼不耕不偶，俱斷生育，……一不經也。

又云：

凡在生靈，夫婦配合，產育男女，胡法反之，……二不經也。

復云：

墮胎殺子，反養於蚊虻也（註四六）。

梁武帝篤信佛教，常親幸佛寺，設法會，或升座講經（註四七）。對如此批評自難容忍，因而荀濟書奏之後，武帝大怒，乃以其帝王之權勢，「集朝士，將加顯戮，濟密逃於魏，爲齊文襄燒殺」（註四八）。梁武帝既然大怒，自不會與之辯論。至唐釋道宣敍其事，始予反駁，然語多中傷，不在論理，故無足述。

古者常以人口多寡斷世之興衰，當佛教大盛之時，出家者衆，俱斷生育，不獨於孝有虧，且減損人口，妨礙政治。北魏李瑒，鑑於其時人多絕戶爲沙門，乃上言曰：

故三千之罪，莫大於不孝，不孝之大，無過於絕嗣。然則絕嗣之罪，大莫甚焉，安得輕從背理之情，而肆其向法之意也？寧有棄堂堂之政，而從鬼教乎（註四九）？

其時靈太后信佛，見瑒上言，乃責以鬼教毀謗佛法。經瑒辯解，始得免罪（註五〇）。此與梁武帝之欲戮荀濟，均是以威勢對言論，「秀才遇見兵，有理講不淸」，自不必定要與之講理。

五、體貌：孝經以「身體髮膚，受之父母，不敢毀傷」，爲「孝之始也」（註五一）。而僧尼出家之時，須剃髮受戒，則是毀傷髮膚，違背孝道。此於東漢之末，即已有人提出指責，牟融曾以佛徒之立場爲之辯解（註五二）。晉時有人指責沙門之不孝，亦以其毀傷體貌爲理由之一，而云：

體之父母，不敢夷毀，是以樂正傷足，終身含愧也。而沙門之道，……刓剔鬚髮，殘其天貌，……皆背理傷情，莫此之甚(註五三)。

孫綽辯之曰：

周之泰伯，……祝髮文身，……而論稱至德，書著大賢，……三讓之功遠，而毀傷之過微也。……梁之高行，毀容守節，宋之伯姬，順理忘生，並名冠烈婦，德範諸姬，秉二婦之倫，免愚悖之譏耳。牽此以談，在乎所守之輕重可知也(註五四)。

謂爲行道守節，於必要時，可毀傷體貌，此不獨不爲不孝，且可成爲大賢烈婦。沙門出家所以須剃髮受戒者，乃在力求簡易，唯恐保留鬚髮有累於修道也。「昔佛爲太子，棄國學道，欲全形以遁，恐不免維縶，故釋其鬚髮，變其章服」。迨修道有成，功濟親疏，德被遠近之時，自然成其大孝，絕不因毀傷體貌而少有虧損也。

剃髮受戒，表示除去累贅，下定決心，其於修道或可有益。不過此仍凡俗之義，非佛教至理。蓋佛教恒言不着相，依其義，有無鬚髮當與修道無關，若必剃髮受戒始可修道，則是着相，與佛教至理悖矣。又孫綽以其道重於髮膚，故應舍髮膚以求道，然其道非一切人之道，髮膚則是一切人之髮膚，苟不能使一切人認同其道，而欲以道易其髮膚，是理之所不通者也。

其後以毀傷體貌爲不孝而責沙門者，時有其人，不過除以孝爲據，謂「身體髮膚，受之父母，不敢毀傷」，與守眞無須毀形之外，無新義可陳。而佛徒之答辯，不外：其一、以爲出家在家，內外有別，觀點不同；剃髮受戒，乃出家人之所爲，不當以在家人之觀點責之。其二、以爲剃髮受戒，乃表示棄俗從道之決心；出家須拋棄一切，如鬚髮尚愛惜不捨，實難決心從道。且對修道而言，鬚髮實爲一種累贅，故當剃削。其三、佛家之孝，所包甚廣，要在於心，無關於髮。亦非新義。指責沙門之言論中，唯三破論謂「若言太子是教主，主不落髮，而使人髡頭，……實可笑哉」（註五五），可謂與常論不同，然僅屬事實之詰難，而非道理之爭。而佛徒答辯之言論中，唯梁釋僧順之說稍有獨到之處，謂：

凡言不敢毀傷者，正是防其非僻，觸冒憲司，五刑所加，致有殘缺耳。今沙門者，服膺聖師，遠求十地，剃除鬚髮，被服法衣，立身不乖，揚名得道，還度天屬，有何不可，而入毀傷之義（註五六）？

僧順以爲所謂不敢毀傷者，乃告誡人們勿爲非行惡，致觸犯刑章，受刑殘身。孝經之本意，大概確係如此。蓋惟如此，始可與「立身行道，以顯父母」相輔成也。全謂剃除鬚髮不爲毀傷，則不然也。乃因古時重視鬚髮，以爲不可剃除，若剃除之，自以爲相當嚴重，或較身體之毀傷尤甚也。觀清初剃髮令執行中所遭遇之困難，可知古人對鬚髮之重視。此乃時代習尚，不可以其實際無傷於身體而謂非毀傷。若今人不蓄長髮，尤不留鬍鬚，自不以剃除鬚髮爲毀傷也。

關於體貌之爭論，至唐武德四年，因太史令傅奕上書請廢佛法，而引起一陣高潮，因事關佛教之存廢，唐高祖實難定取捨，乃下詔門僧曰：

棄父母之鬚髮，……利在何間之中，益在何情之外，損益二宜，請動妙釋（註五七）。

其時有濟法寺沙門襄陽釋法琳等，上表應對，以爲剃除鬚髮有益無害，然其所持理由，不外棄髮毀容，修道立德，可以報恩，故於孝道有益，反則有損（註五八）。亦是往常之通說，不足深論。

第二節　蓄養妻子

依儒家之教及一般人之觀念，孝順父母爲倫理中之大者，而蓄養妻子，則爲孝順父母之另一端，與孝順父母同樣重要，所謂「仰事俯蓄」是也。僧徒出家，既棄絕一切俗世之關係，妻與子自亦在其棄絕之列。此同樣與國人之觀念相背，而爲一般人所不能容忍。前節所述繼嗣問題，實與蓄養妻子問題密切相關，所以稱之爲繼嗣者，乃是着重其孝之意義從孝之觀點言之。茲再單從慈愛之觀點，以言蓄養妻子之問題。

晉世有人評擊佛教不顧妻子，曰：

釋訓稍陵，競爲奢侈，下損妻孥之分；齋會盡肴膳之甘，塔寺極莊嚴之美，……（註五九）。

此乃凡指一切信佛之人而言，包括出家與在家佛徒，謂其參與佛教之活動，皆極其大方，慷慨捐輸、奉獻，至於傾家蕩產，在所不惜；卽所以蓄養妻子者，亦被奉獻。釋道安出而辯解，其理由有二：一爲捐輸奉獻，供齋會肴饍，興建寺塔，皆有莫大之收穫，絕非浪費。其云：

……能拯溺俗於沉流，拔幽根於重刼，遠開三乘之津，廣闢天人之路，……施而有報，非成虛費；惠而有德，豈曰空爲（註六〇）？

二爲不顧妻子，乃是去情之所滯，是忍人之所不能忍，去人之所不能去，乃一種崇高之行爲，爲出世弘道所必需，其云：

名位財色，有情之所滯，而沙門遺之如秕糠。是乃忍人之所不能忍，去人之所不能去，可謂超世之津梁，弘道之勝趣也（註六一）。

吾人以爲釋道安之兩項理由，均極其強詞奪理之能事。謂捐輸奉獻，爲求拯溺俗於沉流，拔幽根於重刧。然而何爲陷妻子於凍餒而不加拯拔？凍餒妻子而拯救他人，往好處言，是捨近求遠，捨本逐末；往壞處言，則是以拯拔他人爲藉口，而推卸其凍餒妻子之責；妻子固受凍餒，他人亦不得拯拔也。墨子兼愛，父母妻子與他人同愛，尚且受儒者之責罵，謂其「無父」（註六二），今佛徒不愛父母妻子而愛他人，其受責罵，自屬當然。謂不顧妻子，乃高尚行爲，爲出世弘道所必需。依佛理言之，出世弘道，當在求度人救世，度人救世始爲高尚行爲，今妻子尚且見棄，又何暇談度人救世？

宋道士顧歡作夷夏論以評擊佛教，先後曾有若干佛徒起而反駁，其中亦涉及蓄養妻子問題。夷夏論中指責佛徒有云：

下棄妻孥，上廢宗祀（註六三）。

朱廣之駁之曰：

若夫廢祀於上，不能絕棄於下，此自擬異入同，非同者之過也（註六四）。

此種辯論甚爲詭異，謂下棄妻孥與上廢宗祀相同，旣然上廢宗祀，卽須下棄妻孥，若以爲不可下棄妻孥，則是將本來相同之二事視爲相異，是邏輯上之錯誤。此可謂完全在玩弄文字，非依情理論事也。實則上廢宗祀卽已錯誤，而顧歡之原意本亦如此。今以上廢宗祀爲理由，證明下棄妻孥之無過，是前提已錯，其結論自難正確。釋慧通反駁之理由則是：

若乃煙香夕臺，禮拜懺悔，祈請無輟，上逮歷劫親屬，下至一切蒼生，若斯孝慈之弘大，非愚瞽之所測也（註六五）。

以爲專心佛事，崇拜祈禱，可救度歷代親屬及一切衆生，妻子之慈愛蓄養，自不待論也。此乃以棄妻孥爲專心佛事之手段之一，而專心佛事之目的在救度歷代親屬及一切衆生，包括妻孥，則妻孥之蓄養亦是專心佛事之目的之一。旣以棄妻孥爲手段，又以蓄養妻孥爲目的，目的與手段何其相背耶？

至南齊明僧紹，於其正二教論中，亦對顧歡之說有所駁斥，而其理由不外妻孥爲俗事，出家在求道，而道貴俗賤，不當貴賤倒置，舍貴求賤也（註六六）。是以俗事與求道必相衝突，與佛教隨緣修道之理不合，其不當吾人前曾論之矣。

其時三破論中，對僧之下棄妻孥，曾提出兩項較特殊之理由，以示反對。其一云：

胡人麤獷，欲斷其種，故令男不娶妻，女不嫁夫，一國伏法，自然滅盡（註六七）。

乃本老子化胡經。意謂老子出關，設教以化夷狄，因其野蠻，欲盡滅之，乃設不妻不夫之教。其二云：

太子不廢妻，使人斷種（註六八）。

意謂釋迦本人有妻有妾，而教人不妻不夫，斷絕生育，不獨不能言行一致，以身示範，且或另有陰謀，蓋不妻不夫本是老子滅盡夷狄之法也。

對此，劉勰與釋僧順等皆曾立論反駁。關於第一項，劉勰之反駁較爲周詳。其論點有四。一爲「案李叟出關，運當周季，世閉賢隱，故往而忘歸」。其出關乃爲避周末亂世，非爲設教化夷，其所以往而忘歸者，足證夷地猶勝於中國，何須老子教化？二爲老子化胡經，「理拙詞鄙」，乃出王浮僞造，絕非事實，以此經爲據，自不足信。三爲「尋西胡怯弱」，北狄凶熾，若老子滅惡，棄德用刑，何愛凶狄而反滅弱胡」？四爲若老子設教化胡，可使：「一國伏法」，「既服教矣，方加極刑」，未免過分，卽商鞅之法亦未至如此苛虐（註六九）。劉勰之駁論，不稱述佛教道理，單辯事實，可謂相當嚴密。實則老子化胡之說，本屬無稽，又據以引申，謂其設教，在滅盡胡種，自更乖異。

關於第二項，釋僧順之反駁，其理由一爲釋迦雖曾娶妻，然其後終又棄絕，非獨單教他人絕種也。而其所以先娶者，在表示其夫妻之道已經完足；其所以後棄者，在表示其不重恩愛，能斷然棄絕之也。故云：

太子納妃於儲貳者，欲示人倫之道已足，遂能棄茲大寶，勿彼恩愛耳（註七〇）。

二爲得道超凡不可有妻，妻子最爲累贅，棄妻歸佛，乃無上之樂利。故云：

至於諸天夕降，白驥飛城，十號之理，斯在何妻子之可有哉？且世之孥孺爲累最深，……棄厲就佛，爲樂爲利，寧復足加（註七一）？

僧順反駁之理由，可謂均是片面之辭，自以爲是，實則非也。就第一理由言，釋迦既納妃儲貳，示人倫之道已足，卽是重視人倫之道；又棄絕妻子，勿彼恩愛，則是破壞倫理。既重視倫理，又破壞倫理，是明知故犯，其罪過莫大焉。不過觀僧順之意，似謂恩愛與倫理相背，故倫理應完足，恩愛當輕忽。是亦不當。蓋恩愛卽是倫理，且是倫理之基礎，乃出乎自然之情，不可輕忽者也。就第二理由言，謂得道超凡不可有妻，實令人難以瞭解；至以妻子爲累贅，以棄妻歸佛爲無上樂利，則是極端自私，何足言得道邪？卽使得道，又有何可貴？

至於劉勰反駁之理由，一則謂釋迦棄妻，佛經有明確之記載，不容反白爲黑。二則謂妻爲愛累，應當棄絕（註七二）。大意不出僧順之範圍，無須另作討論。

俗佛道之爭論中，亦牽涉和睦兄弟問題，不過係偶而及之，材料極少，且未作正面辯論，僅於辯論孝順父母或蓄養妻子問題時，坿帶言之，不能成爲獨立課題，故不足述。

親子與夫婦，既是倫理關係中之切要者，則沙門出家，棄絕父母與妻子，卽是破壞整個家族，毀棄全部倫理。故如齊之李公緒謂：

佛教者，脫略父母，……捐六親，捨禮義（註七三）。

三破論中指斥佛教云：

入家而破家，使父子殊事，兄弟異法，遺棄二親（註七四）。

北齊子陀上疏曰：

君臣夫婦，紀綱有本。自魏晉以來，胡妖亂華，背君叛父，不妻不夫……（註七五）。

均是就佛教破壞整個家族，毀棄全部倫理而加評擊。而佛徒答辯之理由，其大意均已分別論述於上，茲不復贅。唯三破論係出於道士之手（註七六），故佛徒除一般之自衛答辯外，並亦向道士進攻，如釋僧順曰：

唯聞末學道士，有赤章咒咀，發擿陰私，行壇披髮，呼天叩地，不問親疏，親相厭殺，此卽破家之法矣（註七七）。

是反謂道教破壞家族，毀棄倫理。實則道教確有出家之法，其作法時，亦無親疏之序，尊卑之等，僧順謂其破家，非無的放矢，全無根據也。以進攻爲防守，實是最善之法。雖然，仍不能證明佛教之不破壞家族毀棄倫理，或其破壞家族毀棄倫理爲正當也。至北周，甄鸞引老子消冰經爲據，亦向道教進攻，謂其破壞家族毀棄倫理，存心狠毒，罪大惡極，而云：

老子消冰經云：老子語尹喜曰：若求學道，先去五情，一父母，二妻子，三色情，四財寶，五官爵。若除者與我西行。喜精銳，因斷七人首持來。老笑曰：吾試子心，不可爲事，所殺非親，乃禽獸耳。伏視七頭爲七寶，七尸爲七禽。喜疑反家，七親皆存。……臣笑曰：三元誡云：學道不得懷挾惡心，不孝父母，不愛妻子。計喜所殺父母，如知是幻，何得懷疑反視？如其實心，依誡懷惡，已犯重罪，何況斬二親之首乎（註七八）？

甄鸞是否佛徒，不得而知，如是佛徒，其言論當與梁釋僧順語受相同之評論。若非佛徒，則可證道教之破壞家族毀棄倫理，亦爲俗人所不滿，致難容忍，撰文評擊也。

吾國古代政治與倫理不分，政治乃倫理之擴大，亦卽是倫理之一環，政治關係如同倫理關係，政治法則採用倫理法則。故於此以倫理關係作爲政治課題之一加以討論也。

第二章附註

註一　牟融理惑論中卽有對此種斥責之辯解，弘明集卷一。

註二　晉孫綽喩道論，弘明集卷三，亦載淸嚴可均輯全晉文卷六二。

註三　均同上。

註四　宋朱廣之諮顧歡道士夷夏論並書引，弘明集卷七。

註五　同上。

註六　梁劉勰滅惑論引，弘明集卷八；亦載淸嚴可均輯全梁文卷六〇。

註七　均同上。

註八　唐釋道宣，叙任道林辯周武帝除佛法詔，廣弘明集卷十。

註九　同上。

註十　隋釋彥琮通極論引，廣弘明集卷四；亦載淸嚴可均輯全隋文卷三三。

註十一　同上。

註十二　依廣弘明集卷二八釋道宣叙高祖皇帝問出家損益詔表爲四年，依廣弘明集卷十一釋法琳對傅奕廢佛僧事並啓爲五年。

註十三　九箴篇，廣弘明集卷十四。

註十四　晉孫綽喻道論引。

註十五　同上。

註十六　唐釋道宣，釋慧遠抗周武帝廢佛教事，廣弘明集卷十。

註十七　釋明槩决對傅奕廢佛僧事并表，廣弘明集卷一二。

註十八　同上。

註十九　周紹賢著道家與神仙，頁六五至六六。

註二十　論語爲政。

註二十一　與八座論沙門敬事書，難王中令，與王中令書，重難王中令，與遠法師書，重答遠法師書等，弘明集卷一二，亦載全晉文卷一一九。

註二十二　答桓太尉書，弘明集卷一二。

註二十三　均見重答遠法師書。

註二十四　梁釋僧順釋三破論引，弘明集卷八，亦載全梁文卷七四。

註二十五　同上。

註二十六　滅惑論。

註二十七　廣弘明集卷二九。

註二十八　制沙門等致拜君親勅，廣弘明集卷二八。
註二十九　釋威秀上高宗皇帝沙門不合拜俗表，表末釋道宣附記，廣弘明集卷二八。
註三　十　釋威秀上高宗皇帝沙門不合拜俗表，釋道宣等上雍州牧沛王論沙門不應拜俗啓，上榮國夫人楊氏沙門不應拜俗啓，均載廣弘明集卷二八。
註三十一　列佛經論明沙門不應敬俗，白朝宰羣臣沙門不應拜俗啓，均載廣弘明集卷二九。
註三十二　釋道宣叙朝宰會議沙門致拜君親事九首幷序，廣弘明集卷二九。
註三十三　停沙門拜君詔，廣弘明集卷二九。
註三十四　卷四，高宗紀上。
註三十五　均見廣弘明集卷二九。
註三十六　論語學而。
註三十七　孫綽喻道論引。
註三十八　同上。
註三十九　南齊明僧紹正二教論引，弘明集卷六。
註四　十　朱廣之諮顧歡道士夷夏論幷書，弘明卷集卷七。明僧紹正二教論。
註四十一　駁顏歡道士夷夏論幷書，弘明卷集卷七。
註四十二　孟子離婁上。
註四十三　見牟融理惑論。

註四十四　孫綽喻道論引。
註四十五　同上。
註四十六　均見唐釋道宣敘列代王臣滯惑解上，廣弘明集卷六。
註四十七　參梁書卷三，武帝紀，及南史卷七，梁本紀中。
註四十八　釋道宣敘列代王臣滯惑解下，廣弘明集卷七。
註四十九　同上。
註五　十　同上。
註五十一　卷一。
註五十二　見理惑論。
註五十三　孫綽喻道論引。
註五十四　同上。
註五十五　梁劉勰滅惑論引。
註五十六　釋三破論。
註五十七　釋道宣敘高祖皇帝問出家損益詔表，廣弘明集卷二八。
註五十八　同上。
註五十九　釋道安二教論，廣弘明集卷八，亦載嚴可均輯全後周文卷二三。
註六　十　同上。

註六十一　同上。
註六十二　孟子滕文公下。
註六十三　同註四十。
註六十四　同上。
註六十五　同註四十一。
註六十六　弘明集卷六。
註六十七　同註六。
註六十八　釋僧順釋三破論，劉勰滅惑論略同。
註六十九　滅惑論。
註七　十　釋三破論。
註七十一　同上。
註七十二　滅惑論。
註七十三　同註四十八。
註七十四　同註六。
註七十五　同註四十八。
註七十六　釋僧祐於釋僧順釋三破論題下註記，弘明集卷八。
註七十七　釋三破論。
註七十八　笑道論，廣弘明集卷九，亦載全後周文卷二三。

第三章　君臣關係

古代君主地位至尊，其統治權最高而且普遍，即所謂「普天之下莫非王土，率土之濱莫非王臣」是也。一切人皆是君主之臣，皆與君主之間有君臣名分，自須皆對君主致敬拜之禮。自另一方面言之，依吾國古代聖君之觀念，以爲君主皆應爲一時之聖人，其才能道德功勞於當時無人可與之比擬，人民皆受其管理、養育、保護，可謂無人不蒙其恩，因而亦應對君主致敬拜之禮。加以儒家視君臣關係爲倫理關係之一環，如同父子，子應敬拜其父，臣自亦應敬拜其君。而佛教以沙門拜俗爲戒，不拜父母，亦不拜君主，此自俗人觀之，直是無父無君，等同禽獸，故嚴予批評。道教雖無拜俗之戒，然當其盛時，道士女冠亦不拜君主，世俗之人自視同僧尼。而於爭論之時，道士則每偏於世俗。

俗佛道之間關於君臣關係之爭論，以晉成安之世與唐初三世最爲熱烈，其他各朝亦有爭論，唯較零散，不如晉成安之世與唐初三世熱烈。因而以下擬分兩節述之，即以晉成康之世之爭論爲一節，唐初三世之爭論爲一節，其他各代之爭論，則於第二節之末坿帶述之。

第一節　晉成安之世之爭論

晉成帝年幼，車騎將軍庾氷輔政，謂沙門應敬王者。門下承氷旨，而尚書令冠軍撫軍都鄉侯何充，散騎常侍左僕射長平伯褚翌，散騎常侍右僕射建安伯諸葛恢，尙書關中侯馮懷，守尙書昌安子謝廣等，則以爲沙門不應盡敬，而聯名上奏曰：

世祖武皇帝以盛明革命，肅祖明皇帝聰聖玄覽，豈于時沙門不易屈膝？顧以不變其修善之法，所以通天下之志也。愚謂宜遵承先帝故事，於義爲長（註一）。

庾氷以好禮爲世論所重（註二），君臣之禮爲禮之大者，自以爲不可或廢，而要求沙門敬禮王者。而何充等崇信釋氏（註三），自爲沙門辯護。因而朝臣之間引起一場熱烈之爭論。爲此庾氷曾兩度下詔申明沙門盡敬王者之理，而何充等亦曾再三上表抗辯。綜合庾氷兩度所下之詔書，其以爲沙門應盡敬王者之理由，約有以下諸端：

其一、君臣關係乃依父子關係而來，盡敬王者是一種禮，亦是一種法，而禮法之制訂皆有根據，非憑空杜撰，其由來已久，歷代莫不遵守，盡力維護，猶難免於疏忽，若一旦廢棄，人將無所遵循，而流於暴亂。故云：

因父子之敬，建君臣之序，制法度，崇禮秩，豈徒然哉？良有以矣。旣其有以，將何以易之？……名教由來，百代所不廢，昧旦丕顯，後世猶怠；殆之爲弊，其故難尋。而今當遠慕芒昧，依稀未分，棄禮於一朝，廢教於當世，使凡流慠逸憲度，又是吾所甚疑也（註四）。

其二、歷代之禮法，雖因時代環境而有所差異，但絕不可與習俗相背，古人如此，今人何爲可獨不然？佛教有背中國習俗，自不可與中國禮法相混雜。故云：

大都百王制法，雖質文隨時，然未有以殊俗參治，怪誕雜化者也。豈曩聖之不達，而來聖之宏通哉（註五）？

其三、佛徒恒言佛，以爲不守禮法之藉口。佛之有無實不可知，假若無佛，佛徒不守禮法之藉口自無根據。即使有佛，亦是方外之事，與方內之事無關，且信仰屬精神範圍，應存之於心，不可對抗俗事，破壞禮法。故云：

且今果有佛邪？將無佛邪？有佛邪其道固弘，無佛邪義將何取？繼其信然，將是方外之事；方外之事，豈方內所體？而當矯常形，違常務，易禮典，棄名教？是吾所甚疑也。……縱其有之，吾將通之於神，得之於胸懷耳，軌憲宏模，固不可廢之於正朝矣（註六）。

其四、佛之五戒尚且擬似人倫，何爲獨對王者廢其禮敬？王者並非好受人之禮敬，平民亦並非好盡禮敬，蓋禮敬爲治道之本，苟平民不禮敬王者，則天下亂矣。故云：

且五戒之才善，粗擬似人倫，而更於世主略其禮敬邪？禮重矣，敬大矣，爲治之綱盡於此矣。萬乘之君非好尊也，區域之民非好卑也；而尊卑不陳，王教不得，不一，二之則亂（註七）。

其五、當時沙門皆是晉之臣民，且其才智並無特出之處，豈可披上僧衣，強詞奪理，即不敬禮王者？故云：

凡此等類，皆晉民也，論其才智，又常人也，而當因所說之難辨，假服飾以陵度，抗殊俗之慠禮，直形骸於萬乘？又是吾所弗取也（註八）。

而綜合何充等之上表，其反對盡敬王者之理由，亦有下列數端：

其一、佛教之五戒，使人專心修德，砥礪操行，對風俗政治，助益甚大，由漢迄今，未見其弊，若必令沙門致拜君主，則是破壞良法善俗。故云：

五戒之禁，實助王化，賤昭昭之名行，貴冥冥之潛操，其德在於忘身，抱一心之清妙。且興自漢世，迄于今日，雖法有隆替，而弊無妖妄，神道經久，未有其比也，……今令其拜，遂壞其法，令修善之俗廢於聖世（註九）。

其二、自漢至晉，無人譴責沙門不盡敬王者，而要求其致拜，不拜，於規定先後尊卑之禮法並無虧損。故云：

直以漢魏逮晉，不聞異議，尊卑憲章，無或暫虧也（註一〇）

其三、沙門不盡敬王者，並非狂傲不守禮法。實則彼等對禮法甚爲遵從，且時時以國家之盛衰爲念；其所以不致拜者，乃在於專心修道，並無虧於禮法。不令其致拜，既可表示君主之德，又可便於沙門之修道。故云：

臣等……至於乾乾，夙夜思循王度，寧苟執偏管而亂大倫？……今沙門之愼戒專專然，及爲其禮，一而已矣。至於守戒之篤者，亡身不吝，何敢以形骸而慢禮敬哉？每見燒香咒願，必先國家，欲福祐之隆，情無極已，奉上崇順，出於自然，禮儀之簡，蓋是專一守法。……臣等慺慺，以爲不令致拜，於法無虧，因其所利而惠之，使賢愚莫敢不用情，則上有天覆地載之施，下有守一修善之人（註一一）。

檢討雙方之辯論，庾氷依維持禮法以維持國家體制與社會秩序之觀點，所提出之理由，可謂大致皆中肯而正確。而以禮法之制訂皆有根據，非憑空杜撰；禮法雖因時代環境而有所差異，絕不可與習俗相背；佛敎爲方外之事，不可干與方內；及禮敬爲治道之本等見解，尤爲獨到。不過其言辭之中，仍有頗應商榷之處。如欲沙門盡敬王者，而謂君臣關係乃依父子關係而來，思藉父子關係保障君臣關係。實則沙門本不致拜父母，對父子關係亦予否定，君臣關係既依父子關係而來，則王者正應與父母同不受拜。因而父子關係不獨不能保障君臣關係，反將破壞君臣關係。又如謂佛之有無不可知，假若無佛，佛徒不守禮法之藉口自無根據。此亦不當。蓋宗敎之神或其相當某物，其有無乃信仰之問題，不能如有形之物體然，問其實際上確有或確無。觀庾氷之語，可知其不識宗敎情趣，不知宗敎本質。既如此，則應僅就世俗之禮法以論盡敬王者之事，不當涉及佛敎本身之理論。

至於何充等主張不盡敬王者之理由，謂佛敎五戒，使人修德礪行，有利於風俗政治，確實不錯。蓋如不盜、不殺、不貪、不淫、不妄語等，其於人之修德礪行，國之風俗政治，自然有莫大之裨益，然謂自漢以來無人譴責沙門不盡敬王者，並不足證沙門不致拜爲合理，蓋其時沙門甚少，雖不致拜，亦不至受人注意，而對君臣關係發生廣大之影響。且此少數沙門與帝王接觸者，均有特殊道行，其不致拜，可以太公、呂尚視之，而不予責怪。其後出家者衆，沙門大增，恒以百萬計，若俱不致拜，其影響廣大，君臣名分將無以維繫。且沙門之中，率皆庸碌之輩，不可效太公呂尚之不臣；卽皆有特殊道行，亦不可有如此多不臣之太公呂尚也。又謂沙門並非不敬王者，其不拜，乃求專心修道，於禮法無虧。此實以黑爲白，顚倒是非之論。蓋沙門本以爲佛之道術功德高於一切，值得崇敬故拜之，其不拜帝王，卽以其功德不能與佛相比，甚至不如有道行之高僧，不值得崇敬，故不致拜，而謂並非不敬王者，直是口是心非。不致拜，卽是違犯禮法，而謂於禮法無虧，直是抹殺事實。考佛教之原意，本以爲王者不足敬，俗禮不當守，亦卽君臣關係應廢除，世俗禮法應破壞，其謂並非不敬王者，謂於禮法無虧者，乃迫於君主威勢與世俗壓力，而不得不然者也。

及安帝元興中，太尉桓玄當權，以爲「庾意在尊主，而理據未盡」，乃重申沙門應盡敬王者之意，於是引起又一場熱烈之辯論。先是桓玄宣稱：

> 老子同王侯於三大，原其所重，皆在於資生通運，豈獨以聖人在位而比稱二儀哉？……將以天地之大德曰生，通生理物，存乎王者，敬尊其神器，而禮實爲隆，……豈有受其德而遺其禮，沾其惠而廢其敬哉（註一二）？

謂王者於臣民有生養之德，臣民皆受王者生養之惠，既受其生養之大恩，自不可不盡敬致拜。繼此辯者羣起，其中如卞嗣之、袁恪之、馬範等，贊成桓玄之說，主張沙門應盡敬王者。彼等之理由有三：

其一、人人皆是王者之臣，君臣名分不可以信佛爲理由遂得違犯。如卞嗣之與袁恪之答桓玄詔中云：

率土之民，莫非王臣，而以向化法服，便抗禮萬乘之主，愚情所未安，……尊卑大倫，不宜都廢（註一三）。

其二、尊君乃是常理，沙門之信守表現雖與俗人不同，然其形體仍不能脫離俗世，仍須依賴俗世而生活，則與一般俗人無異。既如此，自當與俗人同樣敬拜王者。如馬範與卞嗣之答桓玄詔中云：

治道雖殊，理至同歸，尊君尊親，法敎不乖。……沙門所乘雖異，跡不超世，豈得不同乎天民（註一四）？

其三、佛徒每以專心修道，爲不致拜君主之理由，實則佛敎以神慧爲本，神慧乃屬形而上者，而此外尚多形而下之活動。致拜君主屬形下，與其形上之神慧，以爲佛敎之本者，絕無衝突。故卞嗣之答桓玄詔云：

臣聞佛敎以神慧爲本，導達爲功；自斯已還，蓋是斂麤之用耳。神理緬邈，求之於自形而上者，虔肅拜起，無虧於戒（註一五）。

其與袁恪之答桓玄詔中亦謂「拜起之理，豈虧其道」？佛徒答辯俗人，恒以不盡敬王者於禮法無虧爲辭，而今俗人又以致拜王者無虧於道爲辭，雖於文辭上一反一正之間，似無差別，而其意義則不盡相同，吾人以爲致拜王者確於佛徒之求道無礙，而不盡敬王者，則不能謂於禮法無虧也。蓋盡敬與禮法爲一事，而致拜與求道則可判然爲二也。

桓謙、釋慧遠、王謐等，則堅以沙門不盡敬王者爲是。桓謙於答桓玄論沙門敬事書中云：

> 佛法與孔老殊趣，……不期一生，要福萬劫，世之所貴，已皆落之；禮教所重，意悉絕之。資父事君，天屬之至，猶離其親愛，豈得致禮萬乘？勢自應廢。……又王者奉法，出於敬信其理，而變其儀，復是情所未了。卽而容之，乃是在有之弘（註一六）。

一則以爲沙門與俗人不同，不計今生之苦樂，而求永恒之幸福，於俗人所最重視之髮膚親情，尚且棄絕，君主又何須致拜？二則其時君主既奉佛法崇佛理，卽應了斷世俗之情，不可違背佛教之禮儀，而要求沙門致拜。依吾人觀之，沙門不計今生之苦樂，而求永生之幸福，乃其個人之事，若其個人眞能與俗世完全脫離關係，自可不守俗世之法。然而事實上並非如此，蓋其仍存在於俗世之中，賴俗世之供應保護而生活也。若以棄絕俗人所重視之髮膚親情爲不致拜君主之理由，亦屬不可。乃因其棄絕髮膚親情並未得俗人之認可也。至謂君主奉佛法崇佛理，卽不當違背佛教禮儀，而令沙門致拜，於理可通。不過宗教非人們生活之全部，除宗教外，尚有世俗生活，於宗教範圍內，沙門不敬王者，甚或王者致拜沙門，自無不可；然於世俗範圍內，則王者至高，沙門必須致拜王者。

釋慧遠、王謐則均曾與桓玄數度往復辯難。慧遠以爲「佛經所明，凡有二科，一者處俗弘教，二者出家修道」。處俗則同於俗，奉上拜君，與世俗無異。出家則與俗乖，奉上拜君，乃世俗之事，非沙門所當行（註一七）。其理由一爲出家之人不愛惜形體生命，惟欲去患求道，王者之生養僅有益其形體生命，而無助於去患求道，故毫無功德可言，自無須致拜。而云：

> 出家則是方外之賓，迹絕於物。其爲教也，達患累緣於有身，不存身以息患；知生生由於稟

化，不順化以求宗。求宗不由於順化，故不重運通之資；息患不由於存身，故不貴厚生之益（註一八）。

二爲僧徒無論在家出家，皆欲求其志達其道，乃一種極其高尚之事業，可拯拔罪惡，超度衆生，與世俗有異，服飾禮節皆不相同，故不致拜，並非不敬。而云：

是故凡在出家，皆隱居以求其志，變俗以達其道。變俗服章，不得與世俗同禮；隱居則高尚其跡，夫然，故能拯溺族於沉流，拔幽根於重㓨；遠通三乘之津，廣開天人之路。是故……外闕奉主之恭，而不失其敬（註一九）

三爲若修道而有成就，則整個天下之人均蒙其惠，其功德同於王者，自不須感受王者之恩，而致敬拜。故云：

如令一夫全德，則道洽六親，澤流天下。雖不處王侯之位，固已協契皇極，大庇生民矣。如此豈坐受其德，虛沾其惠，與夫尸祿之賢同其素餐者哉（註二〇）？

簡言之，釋慧遠之理由，不外在方內方外之分別與功德大小之比較。以爲僧屬方外，不須守方內之禮，沙門功德遠大於王者，故無須致拜。吾人以爲在方外不守方內之禮，固無不當，然在方內猶不守方內之禮，而以方外爲藉口，則不可也。沙門雖屬出家，其生活仍多與方內有關，既關方內，自應守方內之禮。至謂沙門功德大於王者，亦是方外人之見解，不能必令方內之人接受也。

桓玄對釋慧遠之答辯，要點有三。一爲敬拜屬形體，而信仰屬心，心可役使形體，形體不能影響於心，故敬拜王者無礙於佛徒之信仰。而云：

夫累著在於心滯，不由形敬，形敬蓋是心之所用耳（註二一）。

二爲應行以應事，隨緣修道，王者亦是一事，君臣亦屬因緣，自不能否認，不可違背。而云：

夫佛敬存行，各以事應，因緣有本，必至無差者也。如此，則爲道者亦何能違之哉（註二二）？

三爲所謂道洽六親，澤流天下，協契皇極，無須致拜王者，乃指功德深厚之有道之士而言，今之一般佛徒不能與之相比，自不可效其不拜。而云：

就如來言，此自有道深德之功，固非今之所謂宜教者所可擬議也（註二三）。

此諸論點，吾人均曾於第二章第一節中予以評論，茲不復贅。

王謐對桓玄「與八座論沙門敬事書」中敬拜王者之主張，提出許多理由以示反對，此諸理由可歸納爲四項要點，然後雙方卽就此要點往復辯難。茲逐項述之。

第一項：王謐以爲心意與形體可以分開，沙門不拜王者，僅形體之不屈，其實內心仍深敬王者。故云：

沙門雖意深於敬，不以形屈爲禮（註二四）。

而桓玄以爲沙門於祈告敬師等，其禮儀與俗禮乃大同小異，皆以形體之禮拜表示心意之尊敬，並未將心意與形體分開，何爲獨於王者之處如此？況君之功德大於師乎。而云：

沙門之敬，豈皆略形存心？懺悔禮拜，亦篤於事；爰及之師，逮於上座，與世人揖跪，但爲小其制耳。既不能忘形於彼，何爲忽儀於此？且師之爲理，以資悟爲德，君道通生，則理宜在本，在三之意，豈非情理之極哉（註二五）？

王謐答辯曰：

沙門之道，自以敬爲主，但津途既殊，義無降屈，故雖天屬之重，體都盡也。沙門所以推崇師長，自相崇敬者，良以宗致既同，則長幼成序，資通有係，則事與心應（註二六）。

意謂沙門與俗世之間，宗致津途殊異，無由定尊卑之序，故對君主父母皆不致拜。而與師之間，則宗致津途同一，尊卑有定，自宜致拜。至云：「君道通生，理應在本」，確不能否認，然其理至深，非形象所能表達；其功至大，非致拜所能盡敬。故云：

夫君道通生，則理同造化，夫陶鑄傅氣，功則弘矣。……良以冥本幽絕，非物象之所舉，運通禮妙，豈麤迹之能酬？是夫子云：可使由之，不可使知之。此之謂也（註二七）。

桓玄難之曰：

若如來言，王者同之造化，未有謝惠於所稟，厝感於理本，是爲功玄理深，莫此之大也。則佛之爲化，復何以過茲？而來論云津途既殊，則義無降屈；宗致既同，則長幼成序；資通有係，則事與心應。若理在己本，德深居極，豈得云津途之異而云降屈耶？宗致爲是何也邪？若以學業爲宗致，則學之所學，故是發其自然之性耳。苟自然有在所由而稟，則自然之本居可知矣。資通之悟，更是發瑩其本耳。事與心應，何得在此而不在彼（註二八）？

意謂既承認君主功德同於造化，至大至深，則當超過於佛，涵蓋衆道，兼容諸德，佛教之道亦不能外，如此，津途殊異之說不能成立，自不可以爲不拜君主之理由。所謂宗致，若指學業而言，則學業要在發揚造化之理；所謂資通，當亦如此。而造化之理之發揚，須於實事中行之，師爲一事，君亦爲一事，何爲可行於師者，而不能行之於君？

王謐答辯曰：

今以爲宗致者，是所取之至道；學業者，日用之筌蹄。今將欲趣彼至極，不得不假筌蹄以自運耳。故知所假之功，未是其絕處也。夫積學以之極者，必階麤以及妙，魚獲而筌廢，理斯見矣。……意以爲佛之爲教，與內聖永殊；既云其殊，理則無並。依論佛理，故當依其宗而言也，然後通塞之途可得而詳矣（註二九）。

意謂宗致非學業，宗致爲至道，學業乃得此至道之工具，至道既得，則工具可廢，又佛與俗道絕殊，論佛理，自應依佛道而言，論俗理，則不可與佛道相混。桓玄則以爲若謂津途相異，內外永殊，以爲不敬師之理由則可，以爲不敬君之理由則不可。蓋因：

……在三之重，而師爲之末。何以言之？君道兼師，而師不兼君，教以弘之，德以濟之，君之道也，豈不然乎（註三〇）？

吾人以爲心意與形體應當一致，不可分開，王謐必謂可以分開，以爲不致敬王者之理由，而於祈告敬師，又復主張一致，顯屬矛盾。若謂內外不同，理當有異者，則方內重形體，方外重心意，應拜君而不拜師爲是。至以孔子「可使由之，不可使知之」，以爲「君道通生，理同造化」，「冥本幽絕」，不以形敬之理由，則更是是非顚倒。蓋君主造化幽明之理，人旣難以知之，自當使其由之；所謂由之者，卽致拜是也。若不令致拜，則是不使由之，旣不使由之，而求其知之，是與孔子之語，義正反對，何可引之以爲不拜王者之理由？察王謐之本意，實由於內心不敬王者，始主張於形體上亦不致拜，然於君主專制之世，不敢公然宣其不敬之意，故主張心意與形體分開，謂雖闕形體，不礙心敬，強爲之解，矛盾自所難免。

第二項，王謐以爲沙門修道，爲有道之士，其世俗地位雖不如王者，然就道之所在而言，實較王者爲貴。故沙門不獨不宜致拜王者，王者反應禮敬沙門，印度諸國卽係如此。故云：

是以外國之君，莫不降禮，良以道在則貴，不以人爲輕重也（註三一）。

桓玄則以爲外國君主敬禮沙門不足爲訓，蓋佛教之創立，本在畏服夷狄之人，其君主被畏服之後，自會禮敬沙門。而其動機乃在於對鬼神報應之恐懼，非由於沙門有道也。故云：

外國之君，非所宜喩，而佛教之興，亦其旨可知，豈不以六夷傲強，非常敎所化，故大設靈奇，使其畏服？旣畏服之，然後順軌。此蓋是本懼鬼神福報之事，豈是宗玄妙之道邪（註三二）？道在則貴，本屬不錯，然沙門並非有道之士，而道在王者，故道在則貴，不能成爲沙門不敬王者之籍口，故云：

道在則貴，將異於雅旨，豈得被其法服，便道在其中？若以道在然後爲貴，……聖人之道，道之極也，君臣之敬愈敦於禮。如此，則沙門不敬，豈得以道在爲貴哉（註三三）？

王謐之辯難，一則謂禍福報應並非虛誕，外國之君信之而禮敬沙門，亦無不當。而云：

意以爲大設靈奇，示以報應，此最影響之實理，佛教之根要。今若謂三世爲虛誕，罪福爲畏懼，則釋迦之所明，殆將無寄矣（註三四）。

二則謂聖人之道與佛道不同，僅在於救當時之弊，無遠大之功德，其要者不過孝悌仁義。故云：

周孔之化，救其甚弊，故言迹盡乎一生，而不開萬物之塗，……孝悌仁義明，不謀而周，四時之生殺，則矜慈之心見。又屢抑仲由之間，亦似有深旨。但教體既殊，故此處常昧耳（註三五）。

三則君雖有道，然君臣關係，出於俗世之名教，而沙門不受名教束縛，自可不盡敬王者。而云：

意以爲君人之道，竊同高旨。至於君臣之敬，則理盡名教。今沙門既不臣王侯，故敬與之廢耳（註三六）。

桓玄之辯難，主要在於第三點，以爲君主既有大功德於臣民，臣民自思尊敬，故君臣之敬，乃出於自然之情，非名教之事。而云：

君臣之敬，皆是自然之所生，理篤於情本，豈是名教之事邪？……天地之大德曰生，通生理物，存乎王者，苟所通在斯，何得非自然之所重哉（註三七）？

王謐又就此點再作答辯，依禮儀進化之迹，謂上古之世，臣雖敬君，然無有形之敬拜儀式，有形之敬拜儀式，乃起自後聖之制作，可見君臣間之形敬確係出於名教。而云：

夫大上之世，君臣已位，自然情愛，則義著化本。于斯時也，形敬蔑聞，君道虛運，……因此而推，形敬不與心爲影響，殆將明矣。及親譽既生，茲禮乃興，豈非後聖之制作，事與時應者乎（註三八）？

關於此項辯論，王謐以外國之君爲例主張王者禮敬沙門，固有問題，而桓玄以佛教之創立在畏服夷狄作答，尤屬不當。不過此乃古人之通見，無可厚非也。王謐依歷史演化之迹，謂禮儀因時而變，今日之禮，出於後世之制作，確有見地。然據此而云君臣間之形敬完全出於名教，則又未必。蓋其亦承認上世君臣間有自然之敬，既有敬意於心，自當於形體上有所表現，其表現之形式雖未必如今之敬拜之禮，然其必有，則無可疑。今日經過制作之敬拜之禮是禮，古之形體上自然之表現亦不可謂其不是禮。禮雖是形敬，亦本之於心意，由此不可謂形敬全出於名教也。至於禍福報應之爭，乃是信仰問題，吾人難作論斷也。

第三項：王謐以爲佛法已於中國流傳四百餘年，以其有益於世，故歷代王者皆准沙門不拜，而今自然不當驟改。故云：

尋大法流宣，爲日諒久，年踰四百，歷代有三，雖風移政易，而弘之不異，豈不以獨絕之化，有日用於陶漸清約之風，無害於隆平者乎（註三九）？

桓玄認爲歷代皆准沙門不拜，亦不可作爲今日沙門不致拜之理由。蓋一則今昔情況不同。故云：

歷代不革，非所以爲證也。曩者晉人略無奉佛，沙門徒衆皆是諸胡，且王者與之不接，故可任其方俗，不爲之檢耳。今主上奉佛，親接法事，事異於昔，何可不使其禮有準，日用清約，有助於教，皆如君言（註四〇）？

二則佛法有益於世，乃佛法之功，無關沙門，沙門固不可以此爲藉口而不致拜。若沙門肯敬拜君主，佛法之功將益爲宏大。故云：

此蓋佛法之初功，非沙門傲誕之所益也，今篤以祗敬，將無彌濃其助哉（註四一）？

王謐亦承認既成事實未必卽是合理，其以沙門不拜之年代久遠作爲不應遽改之理由，乃因既歷有年代，其中必有原因，非偶然也。然而其原因何在，王謐並未說明。其云：

前所云歷有年代者，正以容養之道，要當有以故耳，非謂已然之事無可改之理也。此蓋言勢之所至，非畫然所據也（註四二）。

至桓玄謂「是佛法之初功，非沙門傲誕之所益」，王謐亦相當承認，然仍主張當論道不論人。而云：

今但謂自理而默，差可遺人而言道耳。前答云不以人爲輕重，微意在此矣（註四三）。

此項辯論至此處爲止，桓玄之辯難可謂理論與事實兼顧，甚爲允當，王謐既表示相當之折服，且未再提出理由答辯，桓玄亦不復提起，故雙方就此作罷。

第四項：王謐以爲王者之功德與恩惠至高至深，非致拜之所可報答，故乾脆不必致拜。而云：

猶以爲功高者不賞，惠深者忘謝，雖一拜一起，豈足答濟通之德哉（註四四）？

而桓玄以爲王者既有至高至深之功德，則人自然生尊敬感謝之情，禮之制定卽以此自然之情爲據，豈可忘謝不拜？且沙門恒皆拜佛，假若佛之功德淺小，不拜王者而反拜佛，是爲不倫；若佛之功德深大，則當「惠深忘謝」，何爲拜之？若佛之功德深大而拜之，爲何王者之功德深大而又不拜？故云：

情在罔極，則敬自從之。此聖人之所以緣情制禮，而各通其宗也。若以功深惠重，必略其謝，則釋迦之德爲是深邪？爲是淺邪？若淺邪，不宜以小道而亂大倫；若深邪，豈得彼肅其恭，而此弛其敬哉（註四五）？

王謐之答辯，可謂僅具片面理由，只言明佛之何以當拜，而未言明王者之何以不當拜。其云：

以爲釋迦之道深則深矣，而瞻仰之徒彌篤其敬者，此蓋造道之倫，必資行功，行功之美，莫尙於此。如斯乃積行之所因，來世之關鍵也。且致敬師長，功猶難抑，況擬心宗極，而可替其禮哉？故雖俯仰累劫，而非謝惠之謂也（註四六）。

是謂釋迦之道極爲高深，佛徒崇奉釋迦之道，自亦尊敬釋迦，而尊敬須藉行動表示，其最好之表示卽是致拜。且致拜釋迦亦是修行積德，可得來世福報。簡言之，一則釋迦當拜，二則拜釋迦有益，故非爲謝惠。而其不主張拜君者，自以爲君主一則不當拜，二則拜而無益，然恐觸怒時君，招惹大禍，故不言也。桓玄駁之，一則以爲既資行功致敬，則當計功之大小，不可空言釋迦功高。二則以爲對功德深者，自生情敬，臣之拜君自亦不是謝惠。而云：

功行者，當計其爲功之勞耳，何得直以珍仰釋迦，而云莫尙於此邪？惠無所謝，達者所不惑，但理根深極，情敬不可得無耳，臣之敬君，豈謝惠者邪（註四七）？

王謐答辯要在舉述佛之行功（註四八）。而佛之功德爲佛徒所恒言，前已多所舉述，故不復論列。吾人以爲「功高者不賞，惠深者忘謝」之說，既不合情亦不合理。功高者，賞不足以報其功，然仍當盡量賞，不可根本不賞；惠深者，謝不足以答其惠，然仍當盡量謝，不可根本不謝。王謐既言「功高者不賞，惠深者忘謝」，又以佛之功行莫尙，而主張敬佛，是第一層矛盾。既以佛之功行莫尙主張敬佛，同時承認王者之功德至高至深，而又主張不敬拜王者，是第二層矛盾。桓玄之辯駁可謂大體均甚允當，然亦承認惠深忘謝，則不當也。

經過一場熱烈辯論之後，結果沙門仍循往例不拜王者。

第二節　唐初三世之爭論

唐代俗佛道間於君臣關係之爭論，多發生於高祖、太宗、高宗三世，而其高潮有二，一在高祖之世，由傅奕上奏廢佛僧而引起；一在高宗之世，由高宗制勑沙門等致拜而引起。

唐高祖武德四年，太史令傅奕上廢佛法事十一條，其中頗涉君臣關係，謂僧尼不臣，殊屬非是，而云：

海內勤王者少，樂私者多，……出臣子之門，入僧尼之戶，立謁王庭，坐看膝下，不忠不孝，聚結連房（註四九）。

因而「欲令衆僧拜謁帝王，編於朝典」（註五〇）。高祖難作定奪，乃下詔門僧曰：

……去君臣之服章，利在何間之中，意在何情之外，損益二宜，請動妙釋（註五一）。

由是而引起一場熱烈之爭論，其時直對高祖問者，有濟法寺沙門襄陽釋法琳，及沙門釋明槩等。彼等皆以爲沙門與王者之間無君臣名分，而主張沙門不對君主執臣子之禮。歸納之，其理由有三：其一、出家爲僧，舍棄一切，高官厚祿，亦非所羡，唯志求得道行道，弘善立德，不當累以君臣關係，令其致拜。雖不致拜，亦並非不感君主之恩。且苟遂其志，功德無量，澤及衆生，豈但報答君恩而已。如釋法琳云：

夫出家者，內辭親愛，外捨官榮，志求無上菩提，願出生死苦海，所以棄朝宗之服，披福田之衣，行道以報四恩，立德以資三有（註五二）。

又云：

毀形以成其志，故棄鬚髮，毀容變俗，以會其道，故去君臣華服。……禮乖事主，而心戢其恩，澤怨親以成大順，福沾幽顯，豈拘小違（註五三）？

其二、沙門屬方外，君臣屬方內；內外殊異，故沙門不以臣禮致拜君主。如釋明槩引晉反對桓玄之朝議云：

沙門釋子，剃髮染衣，許其方外之人不拘域中之禮。故架裟偏袒，非朝宗之服；鉢盂錫杖，豈廊廟之器（註五四）？

其三、道士亦不對君王致拜，而獨責僧尼，實欠公平。如釋明槩云：

今之道士戴幘冠巾，應拜時君，在家侍養，爲忠孝不？今既不然，豈獨偏責（註五五）？

此外尚舉述許多道教徒不忠甚至叛君作亂之事蹟，以責罵道士，藉以顯示沙門較道士爲優，不當苛責。

彼等之第一與第二理由，爲佛徒與俗人爭論時所常標舉，吾人前曾屢加討論。第三理由，亦於第二章第一節談奉養父母時論及，於此均不復贅。

至高宗龍朔二年四月十五日，高宗關於沙門等致拜事制勑曰：

今欲令道士女冠僧尼，於君皇后及皇太子其父母所致拜，或恐爽其恒情，宜付有司詳議（註五六）。

勑下，又引起另一場熱烈之爭論。釋威秀等卽於同月二十一日上表請求不拜。其所持理由，簡言之一爲自古帝王皆依僧不敬俗之儀，不令致拜。二爲僧依諸經不應拜俗，而依詔令又不敢不拜，故請不拜（註五七）。釋道宣等及其他僧人，亦有沙門不應拜俗之論（註五八）。又其時京師僧徒，聚二百餘人於蓬萊宮上表請求不拜，左右相答以待後集議，乃退於西明謀議共陳啓狀，以聞寮寀（註五九）。

同年五月十五日，「大集文武官僚九品以上，并州縣官等千有餘人，總坐中臺都堂，將議其事。

時京邑西明寺沙門道宣，大莊嚴寺沙門威秀，大慈恩寺沙門靈會，弘福寺沙門會隱等三百餘人，並將經文及以前狀，陳其故事，以伸厥理」（註六〇）。沙門自均主張不拜。而朝臣之中，有主張必拜者，有主張長而有德者不拜，其他當拜者，更有主張根本不拜者。如右衆司平太常伯閻立本等，卽主張必拜，其理由有二：

其一、佛道之教皆主謙恭，佛道教主尊君敬俗，可爲僧徒道士等之模範。而云：

臣聞剛折柔存，扇玄風之妙旨；苦形甘辱，騰路之微言。……是以聲聞降禮於居士，柱史委質於周王。此乃成緇服之表綴，立黃冠之龜鏡，……（註六一）。

其二、王者乃世上唯一之統治者，其統治權至高而普遍，無人可與之並尊，亦無人可脫離其統治，卽僧道亦然。故人人皆當致拜。僧道致拜君主，於其修道，並無妨礙。而云：

況太陽垂曜在天，標無二之明；大帝稱尊御宇，極通三之貴。且二教裁範，雖絕塵容，事止出家，未能逃國，同賦形於姒鏡，皆仰化於姚風，豈有抗禮宸居，獨高眞軌？然輕尊傲長，在人爲悖；臣君敬父，於道無嫌，考評其義，跪爲允（註六二）。

左威衛長史崔安、都事沈玄明等，及右清通衛長史李洽等，均以爲可准年長德高者不拜。然態度尚非一致，蓋李洽等逕主張年長德高者不拜，其云：

至若宿德耄齒，戒律無虧，栖林遯谷，高尚其事，若斯儔輩，可致崇敬，其有弱齓蒙求，薰修靡譽，背眞混俗，心行多違，以此不拜，義難通允（註六三）。

而崔安、沈玄明等仍強調出家之人必須敬拜王者，即年長德高者，亦須於萬不得已時，始准其不拜。其強調必拜之理由，一為致拜王者與佛道教義旨趣正相契合，絕不衝突。蓋：

> 佛以法為師，帝以天為則。域中有四大，王者居其一焉。王道既其齊衡，天法固乃同貫。身為法器，法為道本，黃冠慕道，緇裳奉佛，致敬君父，助契玄波。……迎迦維而頓顙，覲天尊而雅拜，塵容不異俗，致敬未乖眞（註六四）。

二為佛道之徒，對師及德行較高之同道猶行禮致拜，況勢位至尊而為三極之本之王者？故云：

> 且夫戒籙纔高，猶盡肅於膜拜，況乎貴賤懸邈，頓遺恭於屈膝……又三極之中，師居其末，末猶展敬，本何疑哉（註六五）？

基於以上理由，僧道對王者必須致拜，苟不得已，可准年長德高者不拜。故云：

> 若以袈裟異乎龍黼，穀巾殊於鶩弁，服既戎矣，拜何必華？各循其本，無爽彝式，……德秀年者，蠲其拜禮，自餘初學後進，聲塵寂寥，并令盡敬君父，請即編之恒憲（註六六）。

長安縣令張松壽則認為臣之拜君，乃天經地義，僧尼道士女冠亦不當例外，然可視情形准其不拜。而云：

> 至若君親之地，禮兼臣子，義深家國，不有制度，何以經論？望請僧尼道士女冠等，道為時須，事因法會者，雖在君后，聽依舊式，捨此以往，並令讚拜（註六七）。

其他如司戎、司刑太常伯劉祥道、右大司成令狐德棻等，則均主張不拜。彼等主張不拜之主要理由，爲佛道與儒教之制度不同，禮儀亦殊，出家之人，棄絕俗世之一切，自不必遵守俗世之制度禮儀。如司戎議曰：

道釋與堯孔殊制，毀傷與禮敬互乖，蓮華非結綬之色，貝葉異削珪之旨；人以束帶爲彝，道則冠而不帶，人以束髮爲華飾，釋則落而不容。去國不爲不忠，辭家不爲不孝；出塵滓，制親愛於君親；奪嗜欲，棄情於妻子。理乃區分於物類，不可涯檢於常塗（註六八）。

司刑太常伯劉祥道議曰：

竊以朝廷之叙，肅敬爲先，……釋老二教，今悉反之，抗禮於帝王，……諒由剃髮有異於冠冕，袈裟無取於章服。出家故無家人之敬，捨俗豈拘朝廷之禮（註六九）？

右大司成令狐德棻等亦議曰：

……佛之垂法，事越常規，剃髮同於毀傷，振錫異乎簪紱，出家非色養之境，離塵豈榮名之地？……何必破彼玄門，牽斯儒轍，披法服而爲俗拜，踐孔門而行釋禮？……又道之爲範，雖全髮膚，出家超俗，其歸一揆（註七〇）。

其次爲王者之恩德深重，不可計量，非形體禮拜之所能報答，故不如不拜。如司戎議曰：

生莫重於父母，子則不謝；施莫厚於天地，物則不答。君親之恩，事絕名象，豈稽首拜首可酬萬分之一者歟（註七一）？

其三、出家之人，修身行道，功德無量，對王者之報答遠超越常人，不必由致拜以示報答。如司戎議曰：

出家之於君父，豈曰全無輸報？一念必以人王爲願首，……方祛塵刼，永離生死，豈與夫屈膝爲盡忠……而已矣（註七二）？

右大司成令狐德棻等亦謂佛僧「功深濟度，道極崇高」，道士「遠標天構，大啓皇基」（註七三）。其四、爲所謂敬者，乃敬其道，非敬其人。出家之人，乃道之所在，若屈以敬人，則有損其道，致拜王者亦復如是。如司戎議曰：

法服之敬，不敬其人，若屈其敬，則卑其道，敬而可卑，道則云缺矣。……豈可使居身之道屈於道外之身？豈可使方外之人存於身中之敬？……豈可尊貴其道，而使其恭哉（註七四）？

其五、出家之人，其事高尚，可以不令其致拜。蓋如司刑太常伯劉祥道所云：

至於玄教清虛，道風暇曠，高尚其事，不屈王侯，帝王有所不臣，蓋此之謂（註七五）。

而司戎且云：

五更，君人之尊，亦有所敬（註七六）。

經此熱烈辯論之後，唐高宗酙酌羣情，體念以往不拜之傳統，又經諮詢臣下，乃下詔免僧尼道士致拜王者之禮，然以爲父母恩德彌深，仍應致拜（註七七）。而沙門不肯罷休，仍繼續爭持，主張對父母亦不致拜，且以不拜王者爲理由之一，已於第二章第一節述之。

綜觀以上之辯論，究竟出家之人應否致拜王者，以王者是否崇信佛道爲一重大關鍵。假令王者不崇信佛道，則僧尼道士女冠必須致拜王者，絕無通融餘地。此無他，右兼司平太常伯閻立本等所揭之第二理由，卽已相當充分。蓋王者既爲世間唯一之統治者，統治權至高而且普遍，無人可與之並尊，亦無人可脫離其統治，僧尼道士女冠雖云出家絕俗，然仍不能脫離國境而居住，不資俗世而生活，故必爲王者之臣；既爲王者之臣，自必致拜王者。至謂佛道教主皆敬俗尊君，故僧尼道士女冠應當致拜；或年長德高者可以不拜，其他應一律致拜等，均非堅實之理由。乃因佛道教主卽不敬俗尊君，僧尼道士女冠仍不可不致拜王者，教主敬俗尊君，固是，應當效法；苟教主不敬俗尊君，則非，應當糾正。又年長德高者既可以不拜，苟僧尼道士皆年長德高，是否可以均不致拜？蓋拜與不拜乃名分問題，而非年齡與道德之問題。

假令王者崇信佛道，則以長安縣令張松壽之主張最爲適宜。卽屬宗教活動之事，如道場法會之中，僧尼道士女冠可以不拜王者；而其他皆屬世俗活動之事，則不可不拜。蓋王者既崇信佛道，則當其參與宗教活動時，乃屬教徒身份，應依教內之地位以定其禮，自不可以王者身分，人人皆對之致拜。而除宗教活動之外，則屬世俗範圍，在世俗範圍之內，王者至高無上，人人皆須致拜，僧尼道士女冠等，自不能例外。平時王者自亦可以表示謙虛，而以教徒身分免教內地位崇高或年長德高者之禮拜，甚或反對彼等致拜。然此乃出於客氣，不可以爲典則，且教內地位崇高或年長德高者，亦應表示謙虛，以臣之身分致拜王者，而不可視王者之禮敬爲當然。

至於主張不拜者，其所揭之五項理由，大體均爲以往僧徒所曾發，前曾論及，今不復逐項討論，單就佛道與儒教制度禮儀殊異，出家之人棄絕世俗，故不必守俗世禮制；以及敬其道，不敬其人，不可使居身之道屈於道外之身兩項，再作檢討。吾人以爲，佛道與儒教不同，出家之人棄絕世俗，均不能成爲僧尼道士女冠不拜王者之理由，蓋因王者非儒教之長老，而與佛道鼎足而三，處於同等地位者也。若同屬各宗教之長老，處同等地位，自可因其制度禮儀之不同而彼此不爲敬拜。實則佛道爲宗教，而王者係世上之統治者，世上之人皆須受其統治而盡敬拜，佛道之徒雖另有信仰，另制禮儀，然係其教內之事，絕不得與王者之統治權相抵觸。又出家之人棄絕世俗之一切，乃其個人行爲，最多根據其教內之規定，而非根據國家之法律，故法律只能允許其棄絕權利，不能允許其棄絕義務，而致拜王者乃是一種臣民之義務，自不可棄絕。敬其道，非敬其人，不可使居身之道屈於道外之身，亦不能成爲不致拜王者之理由。乃因一則所謂敬其道，僅是其宗教之道，教徒雖信之以爲最高，王者則未必信仰，既不信，自不須敬。且俗世亦有所信之道，若敬其道，自然敬俗世之道，而不敬宗教之道。二則宗教之道與教徒非爲一事，即教徒不能代表宗教之道，宗教之道未必在教徒之身，如此即王者信仰宗教之道，亦與其他教徒無關，道可敬，教徒未必可敬，所謂敬其道不敬其人，正是敬道而不敬教徒，教徒自不得因宗教之道可敬而免除致拜王者之義務，蓋因其致拜王者，乃屈其身，並非屈其宗教之道也。

最後唐高宗終於准僧尼道士女冠於王者不必致拜，似未能據理堅守禮教，其原因或由於佛道流傳已久，對之有相當尊崇而尤崇奉道教，故不忍強其必拜。且出家人不拜王者，已非一朝，不便遽改。

同時此亦高宗謙遜之表現，蓋自己身爲王者，要人致拜王者，即是要人致拜自己，未免不好意思，其雖准予不拜王者，而仍要求致拜父母者，或卽爲此也。

除晉唐之外，其他各朝，關於出家人與王者間之關係，亦頗多爭論，唯較零散，故於此合併簡述，不另立專節討論。

在晉以後唐以前，指斥出家人蔑棄君臣名分而不致拜者，如齊之李公緒，謂沙門「遺蔑帝王」。梁之荀濟上武帝書，謂沙門破壞君臣之綱，坐傲君王（註七八）。又有人責沙門「不朝宗」（註七九）。北齊之章仇子陀上疏後主，謂僧尼不守君臣綱紀，背君叛父（註八〇）。彼等之言論皆以儒家立場而發，而所指責者皆明言爲佛教之僧尼，而不及道教之道士女冠。察其原因，或以佛教來自外國，佛經有不拜俗之規定，僧尼不拜俗之表現又特別明顯故也。對此信佛者自起而反對，如釋僧順撰釋三破論予以反駁等，然其論點與理由，大體與往昔佛徒所揭示者無異，不足論述。而其反對之較特殊者，一爲梁武之對荀濟，二爲北齊後主之對章仇子陀，均震怒而欲殺之。臣下迫於君主之威勢，自不敢頑抗，故皆避而逃之（註八一）。至於梁武帝與齊後主之所以如此袒護僧尼，乃以彼等深信佛教之故；而所謂彼等深信佛教，所信者並非佛教之玄理，乃係高僧之法術，以及因果輪廻，善惡報應之說（註八二）。彼等或以爲取締反對僧尼之人，卽是種善因，將來必有善果，得善報，至少對惡果惡報有抵銷之作用。彼等平時所作所爲必多不能安於良心者，而取締反對僧尼之人，亦是減輕其罪惡感所必需者。

「隋煬帝大業三年，新下律令格式，令云：諸僧道士等，有所啓請者，並先須致敬，然後陳理」。

雖有此令，僧竟不行。時沙門釋彥琮不忍其事，乃著福田論以抗之（註八三）。釋彥琮於福田論中，曾舉述七項理由，以明沙門不應致拜王者，謂「無德不報一也，無善不攝二也，方便無凝三也，寂滅無榮四也，儀不可越五也，服不可亂六也，因不可忘七也」。而其大意不外王者恩德雖稱深重，然應成而不居，為而不恃，不當責人禮敬；沙門功德無量，應受禮敬；以及內外殊途，佛俗異禮等。均曾於前有所論列，故不評述。其後煬帝朝沙門，無人致拜。「大業五年至西京郊南，大張文物，兩宗朝見，僧等依舊不拜」。實使煬帝難以下臺，乃當場責問。而沙門明贍對曰：「陛下弘護三寶，當順佛言，經中不令拜俗，所以不敢違教」。煬帝又以宋武帝時僧尼何以致敬相責，明贍對曰：「宋武虐君偏政，不敬交有誅戮，陛下異此，無得下拜」。煬帝又再三相責，僧等依然不拜，而曰：「陛下必令僧拜，當脫法服，著俗衣，此拜不晚」。帝無可奈何而罷，對明贍等之應對甚為折服，以為僧中確有人才，其後不復責僧尼致拜。而黃巾士女等，依初令致拜亦聽之。隋煬帝崇佛，明贍要其遵奉佛經之言，於理可通，若於佛課法會之中，沙門不對之致拜，確無不當。然王者乃俗世最高之權威，勢位至尊，朝廷乃世俗場所，郊祀乃世俗禮儀，若仍不拜，則屬非是。依煬帝弒父兄奪政權之作風，沙門再三無禮對抗，必當殺戮無疑，而其終不動怒，聽其不拜，且有嘉許之辭者，或因其對往日之弒父兄奪政權，已有深重之罪惡感，唯恐報應之必至，乃優容沙門，欲立功德，期得福報，以抵銷其罪惡故也。

此外釋彥琮又為通極論（註八四），及沙門不應拜俗總論（註八五），其中皆設為問對，以反駁其時主張沙門致拜王者之說，而以沙門不應拜俗總論中，所舉理由最爲詳備，謂沙門乃神祇之流，祭主之流，國賓之流，儒行之流，介胄之流，傳重之流，逸人之流，甚刑之流，閑放之流。而神祇、祭主當受王者之拜，而不拜王者；國賓、儒行、介胄、傳重、逸人、甚刑、閑放等，對王或有所不拜，或不便致拜。對此，吾人已於第二章第一節談致拜父母時有所討論，茲不復述。

綜觀本章所述，關於君臣關係之爭論，多發生於俗人與佛徒之間，道教之徒頗少參與。究其原因，或在於道教教義本卽關涉政治，道士女冠雖亦出家棄俗，然不如僧尼之澈底。檢閱道經，實雜取儒道墨陰陽與佛教諸義而成，而儒道墨陰陽諸家，皆不廢君臣之義，故其中無不拜俗之規定，不如佛教之以拜俗爲戒。道士女冠之不拜王者，可能係承取僧尼造成之慣例，本無堅決不拜之意，令其致拜，自無異議，曾爲道士之傅奕，且以僧尼不拜王者爲非，而加指責。因而反對致拜者，多係佛徒，俗人指斥出家人不致拜者，亦多以僧尼爲主要對象。

第三章附註

註一　何充等沙門不應盡敬表有序，弘明集卷一二。

註二　晉書卷七三，本傳。

註三　晉書卷七七，本傳。

註四　代晉成帝沙門不應盡敬詔，弘明集卷一二，亦載全晉文卷三七。

註五　重代晉成帝沙門不應盡敬詔，弘明集卷一二。

註六　同註四。
註七　同註五。
註八　同註四。
註九　沙門不應盡敬表，弘明集卷一二。
註十　重奏沙門不應盡敬表，弘明集卷一二。
註十一　同上。
註十二　與八座論沙門敬事書，弘明集卷一二，亦載全晉文卷一一九。
註十三　弘明集卷一二及全晉文一四〇。
註十四　同上。
註十五　同上。
註十六　弘明集卷一二及全晉文一一九。
註十七　答桓太尉書，弘明集卷一二；及沙門不敬王者論，弘明集卷五。
註十八　語見答桓太尉書，沙門不敬王者論略同。
註十九　答桓太尉書。
註二十　同上。
註二十一　重答遠法師書，弘明集卷一二，及全晉文一一九。
註二十二　同上。

註二十三　同上。

註二十四　答桓太尉（之一），弘明卷集卷一二，亦載全晉文卷二〇。

註二十五　難王中令（之一），弘明卷集卷一二，亦載全晉文卷一一九。

註二十六　答桓太尉（之二），弘明集卷一二，亦載全晉文卷二〇。

註二十七　同上。

註二十八　難王中令（之二），弘明卷集一二，亦載全晉文卷一一九。

註二十九　答桓太尉（之三），弘明集卷一二，亦載全晉文卷二〇。

註三　十　重難王中令，弘明集卷一二，亦載全晉文一一九。

註三十一　同註二十四。

註三十二　同註二十五。

註三十三　同上。

註三十四　同註二十六。

註三十五　同上。

註三十六　同上。

註三十七　同註二十五。

註三十八　同註二十九。

註三十九　同註二十四。

註四　十　同上。
註四十一　同上。
註四十二　同註二十六。
註四十三　同上。
註四十四　同註二十四。
註四十五　同註二十五。
註四十六　同註二十八。
註四十七　同上。
註四十八　同註二十九。
註四十九　釋法琳，對傅奕廢佛僧事幷啓引，廣弘明集卷一一。
註五　十　釋明槩，決對傅奕廢佛僧事幷表引，廣弘明集卷一二。
註五十一　釋道宣，叙高祖皇帝問出家損益詔表，廣弘明集卷二八。
註五十二　對傅奕廢佛僧事幷啓。
註五十三　釋道宣叙高祖皇帝問出家損益詔表引。
註五十四　決對傅奕廢佛僧事幷表。
註五十五　同上。
註五十六　對沙門等致拜君親勑，廣弘明集卷二八。

註五十七　上高宗皇帝沙門不合拜俗表，廣弘明集卷二八。

註五十八　上雍州牧沛王倫沙門不應拜俗啓，上榮國夫人楊氏沙門不合拜俗啓，均見廣弘明集卷二八。白朝宰羣公沙門不應拜俗啓，廣弘明集卷二九。

註五十九　釋道宣於釋威秀表末坿語。

註六　十　釋道宣敍朝宰會議沙門致拜君親事九首幷序，廣弘明集卷二九。

註六十一　同上。

註六十二　同上。

註六十三　同上。

註六十四　同上。

註六十五　同上。

註六十六　同上。

註六十七　同上。

註六十八　同上。

註六十九　同上。

註七　十　同上。

註七十一　同上。

註七十二　同上。

註七十三　同上。
註七十四　同上。
註七十五　同上。
註七十六　同上。
註七十七　停沙門拜君詔，廣弘明集卷二九。
註七十八　釋道宣，叙列代王臣滯惑解下，廣弘明集卷七。
註七十九　釋僧順，釋三破論，廣弘明集卷八，亦載全梁文卷七四。
註八　十　同註七十八。
註八十一　同上
註八十二　參閱薩孟武水滸傳與中國社會，頁三〇。
註八十三　釋彥琮福田論末釋道宣埘語，廣弘明集卷二八。
註八十四　廣弘明集卷四，及清嚴可均輯全隋文卷二十三。
註八十五　廣弘明集卷二九。
註八十六　同註八十三。

第四章　華夷之辨

第一節　華夷思想之檢討

華夷思想亦可稱之爲民族主義，然與一般民族主義不同。一般民族主義乃在排除外族之侵略與干涉，而求獨立與生存，其所排斥之外族，於文化上未必較自族爲低，雖加排斥，而未必輕視，其所求者，主要是獨立與生存，而非駕乎他族之上之優越地位。且眞正之民族主義，應視各民族一律平等。如往日歐亞與中南美洲之民族運動以及今日亞非新興國家之情形是。華夷思想則與此不同，夷族之侵略干涉自在排除之列，獨立生存自在追求之中，然而更以爲華族優於夷族，應居於夷族之上，其所求者不止於獨立生存，更進而要求優越之地位，夷族之不得對華族行侵略干涉，要在於夷族不如華族，非獨妨礙華族之獨立生存也。

華夷思想之產生，可能有幾種條件。一爲獨立優越之文化，二爲固定完整之版圖，三爲正統統一之政權，四爲與夷族利害之衝突。所謂獨立優越之文化，卽華族之文化較夷族爲高，且自成一完整體系，而人們對之又皆有尊重信仰之情感。所謂固定完整之版圖，卽有一固定之疆土，久經居住，而完全爲我族所有者。所謂正統統一之政權，卽華族掌握政權者爲多數人所共同承認，足以爲華族之代表，且該政權之本身相當完整，而非分崩離析。所謂與夷族間利害之衝突，主要在版圖、人民、財物之所有上有衝突之自覺，且其衝突不限於實際發生者，卽可能者亦屬之。由此諸條件，乃形成華族之優越感與同類意識，不願同於夷族，而欲有所分別，於是乃有華夷思想之產生。

當然，任何一種思想，皆非形成於一朝，而係逐漸發展而來，華夷思想之產生當亦如此。商朝曾傾全力征伐鬼方，周朝常與犬戎周旋。而商周二代，於吾人上述之條件，可謂已大體具備，其征伐夷族，非純屬一般部落間之戰爭，當已含有華夷之分辨。不過此種觀念未必清晰而明確。至孔子著春秋，「內諸夏，而外夷狄」(註一)，因管仲「尊王攘夷」，而曰：「民到如今受其賜，微管仲，吾其被髮左衽矣」(註二)，又曰「夷狄之有君不如中國之亡」(註三)，對華夷之分辨始有明確而清晰之觀念。當孔子時，周天子已僅居名分上之地位，而無實際上之統治權，華族之政權已不統一。而所以仍有清晰明確之華夷觀念出現者，乃由於華夷思想既早已萌芽，自必繼續生長，雖條件少有欠缺，亦可發育完成，不致中途夭折。蓋任何思想皆有萌芽，生長，完成與衰微沒落之過程，當其興也，雖遭阻擋打擊，亦不會立卽衰竭；當其衰也，雖加維護提倡，亦不會使之復興。況孔子時除華族政權有欠統一之外，其他條件仍復具備邪？待清晰明確之華夷思想產生之後，人既知華爲貴夷爲賤，而人又皆欲處貴而不欲處賤，故華人皆不願淪爲夷。當此之時，卽上述華夷思想產生之條件大部消滅，華夷思想仍將存在，只是或強或弱而已。不過獨立優越之文化，却永爲必要之條件，至少自以爲優越，如清代西方已有極高之文化，而清廷與許多人士仍自命爲天朝，而輕視外人，視之爲夷狄，卽其例也。

人慣於視自己所屬之團體較他人所屬者爲優越，故孔子而後，華夷思想雖時興時衰，然始終存在，從未消滅。戰國之世，北邊諸國，多依山河之勢，築城牆以防北方夷族之入侵。秦始皇統一中國，又一方面命蒙恬將十萬大軍北擊匈奴，一方面築萬里長城防胡人南下。漢武帝時亦曾大舉征伐匈奴。凡此，均是對夷狄之武力排斥，而予以直接打擊。隋煬帝曾三次親征遼東，皆爲突厥所敗，至唐貞觀四年，太宗乘突厥外有回紇之變，內有頻年大雪，乃命將出師大滅之，並謂：「遼東本中國地，隋氏四出師而不能得，朕今東征，欲爲中國報子弟之讎」（註四）。均是華夷思想明確之表現。此外華族有時與夷族通婚，贈以財物，乃華族武力不足以行征伐時不得已之措施，並非眞與夷狄友好，而無彼我之界限也。如漢初之高帝、惠帝、文帝、景帝之世，皆與匈奴和親，歲遺金繒，卽是一種萬不得已之措施，絕非華夷無別矣。故當時賈誼卽云：「匈奴侵甚侮甚，以漢而歲致金絮繒綵，是入貢職於蠻夷也」（註五）。至昭帝始元六年大夫桑弘羊等，以爲以漢之天子而受匈奴侵辱，是不可忍，應及時以武力征伐（註六）。有時夷狄來朝，華族予以賞賜封號，乃以華族爲中心，華族居於優越之地位，以統治者之態度對待夷族，華夷自非處於平等之地位。雖有時華族公然表示華夷一家，如漢將匈奴及其他夷狄征服之後，乃聲言匈奴出於夏后氏（註七），西羌出於三苗（註八），西南夷出於高辛氏之女與其蓄狗槃瓠之配合（註九），朝鮮出於箕子、衞滿（註一〇）。然此乃一種策略，欲使夷狄不知有華夷之分別，安心受華人之統治，做華人之順民，而勿叛逆，非華人眞願與夷狄爲一家也。且古之華夏與夷狄之間，直是尊貴與卑賤之別，光榮與恥辱之分，此不僅華人有此感覺，卽夷人亦復如此。因而夷狄不願被視爲夷狄，而願視爲華夏。例如南北朝時，由於五胡之侵入，北方華夷相雜，漢虜不分，然「南謂北爲索虜，北謂南爲島夷」（註一一），仍不願被稱爲夷狄；人稱之爲夷狄，則還稱人爲夷狄，以示報復。北魏明爲夷狄，却累代上推，至於黃帝，謂是眞正華族（註一二）。又如隋唐皇室均是漢虜相雜。隋文帝楊堅，父忠在周賜姓普六茹氏。文帝后獨孤氏爲鮮卑種，長子勇字睍地伐，乃胡人之名。唐高祖李淵，祖虎在周賜姓大野氏。高祖后竇氏雖爲華人，然東漢靈帝時亡奔匈奴，遂爲部落大人（註一三），其血統似屬漢胡雜種。太宗娶鮮卑種之長孫氏爲后。隋唐皇室雖皆漢胡雜種。然却自居華人（註一四），是乃以做華人爲光榮也。華人於相互爭奪政權之時，或勾結夷狄，藉其兵力，如申侯引犬戎攻殺幽王（註一五），王子帶引伊洛之戎以伐襄王（註一六），襄王以狄伐鄭（註一七）。甚而不惜向夷狄稱臣，如隋朝末年，天下大亂，相爭之羣雄多稱臣突厥，受其可汗之號（註一八），卽唐高祖亦曾稱臣（註一九）。然此皆出於暫時之利用，欲借其力量以達到爭權之目的，非眞對之友善，或眞對之尊崇也。故待目的達到，足以自立時，則必立予排斥打擊，如唐至太宗卽大舉征伐突厥而殲滅之是也。

華夷之辨之所以產生，乃因華夷之間有所不同，其不同有三，一、爲種族之不同，二、爲地域之不同，三爲文化之不同。而吾國古代於華夷之辨上，特別着重於華 夷間文化之不同，孔子卽是如此，前謂孔子稱讚管仲尊王攘夷，而慶幸不淪爲夷狄者，主要在於夷狄係披髮左衽，卽其文化與華人不同也。當然此所謂不同，伴有價值判斷，以爲夷狄文化較華夏文化爲低也。如「子欲居九夷。或曰：陋，如之何？子曰：君子居之，何陋之有」（論語子罕）？孔子雖謂九夷非不可居，然亦承認九夷之陋。所謂「陋」，卽文化低落也。孔子雖以夷狄文化低落而主華夷之辨，然並非認爲夷狄根本不可理喻，或本質上卽較惡劣。故「樊遲問仁，子曰：居處恭，執事敬，與人忠，雖之夷狄，不可棄也」（註二〇）。「子張問行，子曰言忠信，行篤敬，雖蠻貊之邦行矣」（註二一）。是以爲夷狄亦講恭敬忠信。以此，春秋何休解詁謂孔子主張：據亂世「內其國而外諸夏」，昇平世「內諸夏而外夷狄」，太平世則「夷狄進之於爵，天下大小遠近若一」。孔子之所以如此主張，乃在於希望以華夏同化夷狄，使夷狄之文化與華夏看齊，然後華夷平等，一視同仁，卽所謂「用夏變夷」是也。而用夏變夷之所以有其可能，乃因夷狄亦講恭敬忠信等基本道德，並非根本不可理喻，其本質上亦非較華人爲惡劣故也。

吾國古代於華夷之辨所以特重文化因素，其原因或卽中國本爲一文化體，而非一堅強之政治組織（註二二）。既爲一文化體，自然以文化爲衡量一切之主要標準，對華夷之分辨亦是如此。而所以不甚重視種族因素者，蓋因其時天下限於亞洲之一部份，而亞洲人全爲黃種，形貌相似，華夷間於種族上實無顯著之分別，非若黃白黑諸種之判然不同，易生異類之感也。其所以不甚重視地域因素者，則因華族之領土不斷擴張，地域之界限隨時改變，今之屬於夷域者，可能不久卽變爲華族之領土。於此種情形下，唯有以文化作爲分辨華夷之主要標準，卽文化高者爲華夏而文化低者爲夷狄也。如此，自然亦有問題，無氣節之人常以此爲藉口而臣服異族，如元淸兩朝入主中國時之情形然。故王船山一變傳統之態度，而力主以種族地域爲標準分辨華夷，此乃後事，此處不論也。

華夷之辨，於吾國歷史上，不斷在發生作用，而其作用如何，全視華夷間之情勢而定。大概當外患嚴重，夷狄勢力強大，華族受到威逼之時，最易激起華夷之辨，發生排斥夷狄之情感，因而內部自然趨於團結，卽所謂「內諸夏而外夷狄」是也。當華族強盛，夷狄臣服之時，或華夷混雜之時，則往往以華族文化對夷狄加以同化，卽所謂「用夏變夷」是也。而當華族內部爭奪政權，彼此衝突，互相攻伐，豪強擅自稱帝之時，則唯求自我之壯大，而對競爭者力予打擊，甚而借用夷狄之力量，卽所謂「內其國而外諸夏」是也。至於「夷狄進之於爵，天下遠近大小若一」，則因太平世尙未出現，而始終僅爲一種理想，歷史上從未有過此種情形。

第二節　俗佛道間之爭論

佛教來自印度，道教產自中土，因而佛道爭論之中，道教正可藉華夷之辨以打擊佛教，反對佛教之俗人，亦常以華夷之辨爲排斥佛教之理由。

以華夷之辨爲理由以排斥佛教，打擊佛教，早自東漢之末卽已有之。如明帝爲佛教立像，五嶽諸山道士卽奏表云：

今陛下道邁羲皇，德高堯舜，竊承陛下棄本追末，求教西域，所事乃是胡神，所說不參華夏……（註二三）。

又如牟融崇佛，有人詰之曰：

孔子曰：夷狄之有君，不如諸夏之亡也。孟子譏陳相更學許行之術曰：吾聞用夏變夷，未聞用夷變夏者也。吾子弱冠學堯舜周孔之道，而今舍之，更學夷狄之術不已惑乎（註二四）？

及晉、南北朝、隋、唐，歷代皆有道徒與俗人，以華夷之辨為理由反對佛教，而佛徒或同情佛教之俗人，亦均提出反駁。而其中宋道士顧歡曾著夷夏論以排斥佛教，齊梁有三破論以反對佛教，北周武帝廢佛，唐傅奕奏請廢佛僧，均曾引用華夷之辨以為理由，而皆引起佛徒之紛紛反駁，以形成爭論之高潮。此外，亦常有零星之爭辯。而彼等爭論之要點，不外中國與印度或西域間之文化、種族與地域等優劣之問題。茲依此諸項為目，分別述之如後。

一、文化：反對佛教者，以為佛教出自印度，乃夷狄之教，夷狄文化低落，不及華夏，故不當信從。如「晉太常彭城王紘表以肅祖好佛道，手畫形像於東賢堂，經歷寇難，而堂猶存，宜勅著作咸使作頌。顯宗出紘表博議」，蔡謨表示反對曰：

唯聞變夷從夏，不聞變夏從夷（註二五）。

宋道士顧歡所撰夷夏論中云：

今捨華效夷，義將安取（註二六）？

周武帝廢法詔中云：

佛生西域，寄傳東夏，原其風教，殊乖中國（註二七）。

均以為華夷文化不同，以華夏之人，不可接受夷狄之教。此一方面固因華夏文化較夷狄為優越，另一方面亦因一國一族之文化自有其特色，行之他國他族本難適應，如傅奕請廢佛僧時即云：

周孔之教，送與西域，而胡必不肯行用（註二八）。

他國他族之文化不適於本國本族，夷狄尙不肯接受華夏之文化，華夏何爲接受夷狄之文化而信其教耶？至於華夷文化之不同處，又可分爲數項述之。

㈠語言之不同：如宋道士顧歡夷夏論中斥印度人之語言云：

……婁羅之辯，猶蟲諠鳥聒，何足效述（註二九）？

而佛徒對此作辯駁者，有朱廣之與釋慧通等，以爲不當因語言之不同而心存輕視，反對佛教。朱廣之之理由一、爲語言在表達理，其本身無良窳之分，如其所表達之理可信，卽當信之，不當因語言之故，卑棄其理，其云：

含識之類，標其所貴，貴不在言，言存貴理。是以麒麟懷仁，見重靈篇；猩猩所語，受蚩禮章。未知之所論，義將安取？若執言捐理，則非知者所據。若仗理忘言，則彼以破相明宗。故李叟之常，非名欲所及；維摩靜默，非巧辯所追。檢其言也，彼我俱遣；尋其旨也，老釋無際。俱遣則濡沫可遺；無際則不負高貴。何奈遠望般若，名非智慧，便相挫蹴，比類蟲鳥（註三〇）？

二、爲語言不同，不僅華夷之間有之，卽同爲華族，各地之間，語言仍不相同。此地不以語言之不同而排斥彼處之教，何以對印度之佛教獨加排斥？語言之優劣本無標準，若中國以梵語爲難聽，梵人自亦以華語爲難聽，究梵語難聽抑華語難聽，實難論定。故云：

且方俗殊韻，豈專胡夏？近唯中邦，齊魯不同；權輿俶落，亦古今代述，以其無妨指錄，故傳授世習。若其非也，則此未爲是；如其是也，則彼不獨非；既未能相是，則均於相非。想茲漢音流入彼國，復受蟲諠之尤，鳥聒之誚，婁羅之辯，亦可知矣（註三一）。

釋慧通之理由，與朱廣之第二理由之後段相似。以爲華夷語言不同，猶各人對香臭諸味之所好不同，我以此爲美，彼或以此爲惡；我以此爲惡，彼或以此爲美。美惡既無彼此共同承認之標準，則不可必謂梵語較華語爲難聽。故云：

> 僕謂餌辛者不知辛之爲辛，而無羨於甜香；悅臭者不覺臭之爲臭，而弗躭椒蘭。……無彼我之義，並異同之說矣。……而云蟲諠鳥聒，意則何依（註三二）？

客觀言之，顧歡以與華語所不同，而自己所不懂之語言，即爲蟲諠鳥聒，實屬偏狹武斷。蓋各民族國家之語言，除語言學專家依語言學原理詳加比較外，頗難斷言孰優孰劣，華人以華語優長，夷人亦以夷語優長，誠如朱廣之與釋慧通所言，優劣本無公認之標準，而必謂此優彼劣，自是武斷。然主觀言之，正以其無公認之標準，各民族始可自認其語言較他族爲優，華族以華語爲優，以夷語爲劣而不接受，乃民族情感之自然表現，只要不強他族接受我族之語言，於理並無不當。而朱廣之與釋慧通既謂語言之優劣無公認之標準，各族自以其語言爲優，然而却又主張華人不當以梵語爲蟲諠鳥聒而加排斥，則是前後矛盾，於理不通。唯朱廣之謂語言在於表達理，其本身無優劣之可言，如理可取，即不應以語言之故而廢其理，可解除此一矛盾，作爲反對排斥佛教之理由之一。然而佛教之理究竟是否可取，仍然是一問題，其說仍不能成爲維護佛教之堅實理由。

(二)風俗之不同：中國與印度之間，風俗自不相同，反對佛教者，亦常持此以爲理由。如顧歡夷夏論中云：

> 理之可貴者道也，事之可賤者俗也，……若以其道邪，道固符合矣；若以其俗邪，俗則天乖矣（註三三）。

對此，謝鎮之、朱昭之、朱廣之等，均曾出而辯駁。謝鎮之以爲中印風俗雖小有差異，然無礙於道之爲同。其云：

> 三才均統，人理是一；俗訓小殊，法教大同。……故卑高殊物，不嫌同道，……不嫌同道，則兩施夷夏（註三四）。

朱昭之以爲中印風俗確有不同，然此乃形象方面之分別，苟進於超形象之至道，則無任何分別矣。故云：

> 東國重華，……夷俗重素……天道之極者，非華非素，不卽不殊，無近無遠，誰舍誰居，不偏不黨，勿毀勿譽，圓通寂寞，假字曰無妙境，如此，何所異哉（註三五）？

而朱廣之以爲既然道貴俗賤，則道可涵蓋俗，道既符合，涵蓋道中之俗，自亦相同，而無美惡之分，如此，則不必以華夷風俗不同爲理由而反對佛教矣，故云：

> 至道虛通，故不爵而尊；俗無不滯，故不黜而賤。賤者不能無累，尊者自然天足；天足之境

既符，俗之域亦等；道符累等，又誰美誰惡？……，何煩遲遲捨效之際，耿介華夷之間乎（註三六）？

顧歡以中印風俗不同爲理由排斥佛教，却又承認中印之道彼此符合，實是舍本逐末，既於大處讓步，則已失去立場，復於末節爭持，自然顯得無力。以是謝鎮之，朱昭之與朱廣之之辯駁，均以道爲本，而以風俗爲末，其本既同，不應計其末節之異。足使顧歡緘口。而朱昭之與朱廣之猶以爲其本既同，其末節亦必無異，則未必然也。蓋目標相同，原則相同，若方法有所不同，仍可造成彼此間之歧異，如美國民主黨與共和黨間之情形是。不過此已無足輕重矣。此外，彼等之所謂道，究竟指何而言，亦是問題，如指人類之共同處言，如皆有生有死，皆須藉飲食以維持生命，皆向善祈福求樂等，則佛教仍不能因中印之道相符合即同於中國之教化，而爲中國所接受。蓋佛教不能居於道之層次，而當歸於俗之層次，而如此之俗仍非末節故也。如指佛教之道與中國教化之道言，既謂彼此之道相同，則此所謂風俗便是末節，雖有不同，不計較亦可矣。

至唐，傅奕於奏請廢佛僧時，亦以中印之風俗不同爲理由之一。而云：

佛生西方，非中國之正俗，蓋妖魅之邪氣（註三七）。

釋法琳對傅奕主張廢佛僧之理由，曾撰文抗辯，然對此諸語未能確切把握，而提出中肯之反駁，故不置論。

㈢服飾禮儀之不同：佛教之服飾禮儀與華夏殊異，亦成爲反對佛教者之理由之一。如宋道士顧歡夷夏論中即以爲佛教無「搢紳之飾，罄折之恭，殞葬之禮」（註三八）。於服飾則剪髮去服（註三九），「方衣」「墮冠」（註四〇）；於敬拜，則「右膝著地」（註四一），「狐蹲狗踞，荒沙之肅也」；於喪儀，則捐屍火化。殊異至此，自不可行於華夏，「若謂其致既均，其法可換者，而車可涉川，舟可行陸乎？必不可也」（註四二）。佛徒對此，紛起抗辯，而其理由，綜合言之，約爲左列數端：

其一、佛教之服飾禮儀，簡單純樸，較諸華夏更近於道。若以修道而論，佛教之服飾禮儀，實優於華夏，如釋慧通云：

僕謂搢紳之飾，罄折之恭，殞葬之禮，斯蓋大道廢之時也，仁義所以生，孝敬所以出矣。智欲方起，情僞日滋，聖人因禁之以禮教，制之以法度。故禮者忠信之薄，取亂之首也。……老氏謂五色所以令人目盲，多藏必之後失。故廼剪髮玄服，捐財去世，讓之至也。……至太古之初，物性猶淳，無假禮教，而能緝正；弗施刑罰，而能自治。死則葬之中野，不封不樹，喪至無期，哀至便哭，斯乃上古之淳風，良足效焉，子欲非之，其義何取（註四四）？

謝鎮之亦云：

夫俗禮者，出乎忠信之薄，非道之淳，修淳道者，務在反俗；俗既可反，道則可淳。反俗之難，故宜袪其甚泰；袪其甚泰，必先墮冠削髮，方衣去食。墮冠無世飾之費，削髮無笄櫛之煩；方衣則不假工於裁製，去食則絕情想於嗜味。此則爲道者日損，豈夷俗之所制（註四五）？

其二、華夷之服飾禮儀雖殊，然僅屬形象之異，形象乃是末事，而其基本之理並無不同。即佛道之間亦復如是。如朱昭之云：

但華夷殊俗，情好不同，聖劫常因，故設教或異。然曲禮淨戒，數同三百；威儀容止，又等三千。所可爲異，政在道佛之名，形服之間耳。達者尚復以形骸爲逆旅，袞冕豈足論哉(註四六)？

謝鎮之亦以爲華夷同是人類，其理固同，不可強分彼此；佛教乃是至理，自然到處可行，故云：

故人參二儀，是謂三才；三才所統，豈分夷夏？……七珍人之所愛，故華夷同貴；恭敬人之所厚，故九服攸敦。是以關雎之風行乎四國，況大化所陶，而不洽三千哉(註四七)？

其三、因顧歡夷夏論中曾云：「孔老非佛，誰則當之？道則佛也，佛則道也」(註四八)。佛徒則以爲顧歡先同孔老於佛，後又謂華夷服飾禮儀不同，而加排斥，是前後矛盾。如朱昭之云：

昔應吉甫齊孔老於前，吾賢又均李釋於後，……至於各言所好，便復肝膽楚越……(註四九)。

又云：

足下發源開端，明孔老是佛，結章就議，則與奪相懸，何搢紳擎跪，爲諸華之容；稽首佛足，則有狐蹲之貶？端委罄折，爲侯甸之恭；右膝著地，增狗踞之辱(註五〇)？

佛徒所提出之第一項理由，謂佛教服飾禮儀簡單純樸，較諸華夏更近於道，以之反駁道教徒，確屬精當。蓋以簡單純樸爲大前提，必爲道教所承認，乃因道教奉老子爲教主，而老子認爲愈樸愈近於道，愈文明離道愈遠。道之本身最爲簡樸，而一切政制禮儀，忠信仁愛，聲色之樂等文明，皆由樸散而生，樸愈散愈文明，亦離道愈遠，可謂愈演愈壞。爲救濟文明之弊，唯有返回道之本身，亦即反樸歸眞，揚棄文明，故主張去甚去泰，爲道日損。道教旣以老子爲教主，卽應接受老子之主張；接受老子之主張，卽接受佛徒崇尙簡樸之大前提；旣接受崇尙簡樸之大前提，卽不當以佛教簡樸之服飾禮儀爲鄙陋野蠻而加反對。不過細察佛教之服飾禮儀，未必眞是簡單純樸，如跪拜祈禱之禮，卽非如此。佛徒自謂其服飾禮儀簡樸，尤近於道，以之反駁道教徒所加鄙陋野蠻之評，於理論上雖無不當，而與事實却非完全相符。尤有進者，老子主簡樸之要旨在於順從自然，而佛教之服飾禮儀中，頗多雖稱簡樸，而却違反自然，如剃髮燒頂等，必不合老子之意，自不能令道教徒心悅誠服。若佛教徒以簡單純樸更近於道爲由，以反駁俗人所加之鄙陋野蠻之評，則根本錯誤。蓋俗人以及其所崇奉之儒家，皆以文明繁榮爲尙，孔子卽稱讚周之「郁郁乎文哉」，而欲「從周」（註五一）。如此，佛教徒以簡樸爲尙之大前提，自不會爲俗人所接受。旣如此，而謂其服飾禮儀簡樸近道，優於華夏，俗人聞之豈不視爲胡言亂語，益加鄙棄？

對其第二項理由，以爲華夷之服飾禮儀之殊，僅屬形象之異，其基本之禮並無不同。吾人之見解與前述關於風俗不同之辯，所加於謝鎭之、朱廣之、與朱昭之之評論相同，玆不復述。

佛徒之第三項理由，以爲顧歡先謂孔老卽佛，佛道無別，後又因華夷服飾禮儀之不同，而對佛教加以排斥，是前後矛盾。是屬的確。旣謂孔老卽佛，佛道無別，卽表示對佛教容忍接受，旣容忍接受，卽不當排斥，而後復加排斥，自屬矛盾。單就字面觀之，顧歡之前後矛盾，無可否認。然細察顧歡之用意，在謂孔老之爲聖，無遜於佛徒所稱頌之佛，道教之爲教，無遜於佛徒所宣揚之佛教；中國既有孔老之聖與道教之教，自無須另外崇拜出自他國之佛，信仰創自他國之佛教。其本意仍在排斥佛教，非表示容忍接受也。因而復以華夷服飾禮儀不同，作爲排斥佛教之理由，依其本意而言，並非矛盾。不過辯論須辭義表達明確，如有含混疏漏，於邏輯上自易受挫。不過依前述顧歡曾有「若以其道邪，道固符合矣；若以其俗邪，俗則天乖矣」諸語。依此而論，則顧歡確係認爲孔老之道與佛教之道無殊，依道而言，佛教無須反對；然華夷之服飾禮儀不同，極爲顯然，依服飾禮儀言，則佛教仍須反對。果如此，吾人又可以評論前述風俗不同之爭之語以評之。

至南齊，明僧紹見顧歡「端委搢紳，諸華之容也；剪髮緇衣，羣夷之服也」之論，又立論反駁，以爲「將求理之所貴宜，無本禮俗」，理同而禮未必同，乃因禮應因時因地制宜，不能一成不變。亦卽以理爲基本，以禮爲形式，形式所以表達基本之理，其歧異變更，無關乎理之本身（註五二）。大意與前述謝鎮之、朱昭之及朱廣之等道爲本，俗爲末，俗之異無礙於道之同之說略同，故不詳論。

梁時道士假齊張融作三破論，亦曾以留髮削髮爲華夷之別，而藉以反對佛教，謂：

剃頭本不求佛，爲服凶胡。今中國人士，不以正神自訓，而取頑胡之法（註五三）。

佛徒常謂削髮乃去煩累，有益於修道，反對佛教者亦常依此義加以反駁，謂留髮無礙於求道。而三破論中則以爲佛徒削髮之事，根本並非求其有助於修道，而是一種懲治凶頑夷人之無形刑罰，故中國人絕不可取法，而釋僧順駁之曰：

夫六戎五狄四夷八蠻，不識王化，不聞佛法者，譬如畜生，事均八難。方今聖主隆三五之治，闡一乘之法，天人同慶，四海沂沂，蚑行蠕息，咸受其賴，喘蠕之蟲，自云得所，子脫不自思，厝言云云，宜急緘其口舌，亦何勞提耳（註五四）。

意謂不識王化不聞佛法之夷狄，始爲凶頑之人，佛徒剃髮，自非徵治凶頑之刑罰。當時梁王賢明，國治民安，而篤信佛教，闡揚佛法，武帝且剃髮受戒，敢謂徵治其凶頑哉？作三破論之道士，以剃髮爲徵治凶頑夷狄之刑罰，而勸華人無取頑胡之法；釋僧順則謂梁主信佛剃髮，欲藉帝王勢力塞人之口。均可謂不擇手段，有失辯論風度。

至唐朝，有道士李仲卿作十異九迷以反對佛教，其中即以佛道服飾禮儀不同，道屬華夏而佛屬夷狄爲理由之一。其云：

老君設教敬讓，威儀自依中夏；釋迦制法恭肅，儀容還遵外國（註五五）。

又云：

老教容止威儀，拜伏揖讓，玄巾黃褐，持笏曳履，法象表明，蓋華夏之古制；釋訓袈裟，左衽右袒，右肩全幅，橫縵之裙半片，祇支之服，禿髮露頂，狗踞狐蹲，非預人倫，實戎狄之風也（註五六）。

僧徒釋法琳，乃針對李仲卿之十異九迷作十喻篇九箴篇以示反駁。其對服飾禮儀問題，則以爲第一道教隨俗，老子曾爲周吏，佛教出家，拋棄俗事，彼此之服飾禮儀自當不同，故云：

老是俗人，官居末品，衣冠拜伏，自奉朝章；佛爲聖主，道與俗乖，服貌威儀，豈同凡制

（註五七）？

又云：

玉佩金貂，莫施於樵野；荷衣蕙帶，弗踐於王庭。故應器非靈廟之所陳，染衣異朝宗之服（註五八）。

第二，有道德者，其行或隨機因時，或與世俗相背，唯求合道行道而已。故云：

故乘於道者，或順機而軌物；據於德者，或矯時而訓世。是以翦髮文身，仲尼稱太伯之善；反常合道，詩人羨棠棣之華。況將反性澄神，隔凡踐聖，而不異其容服，未之有也（註五九）。

第三、道教之服飾禮儀，亦非中國正統之服飾禮儀，未盡合於中國之習俗，可謂非俗非道，不倫不類。故引開士經所載余玠與明眞論評道教之服飾云：

考堯舜周孔不爲此服……，此等服曾無據焉。按周有赤雀之徵，旦感丹書之端，既符火德，世服朱衣。老是周人，兼陪末吏，冠履拜伏，自奉恆儀。卽曰治頭，本名鬼族，黃巾赤籙，不効伯陽；祝水行符，親師張氏，非道非俗，祖習誰風（註六〇）？

李仲卿不談佛道之根本教義，但從服飾禮儀之殊異上反對佛教，是以華夷之辨之帽子壓人，固屬不當，而釋法琳之反駁，亦均屬片面之理由，第一、謂佛俗殊途，佛教出家，故服飾禮儀有異於俗。然中國人而信佛信道或爲俗人者，其所奉之教雖異，而其爲中國人則同。佛教有佛教之服飾禮儀，中國有中國之服飾禮儀，於二者不能並行之時，何以必舍中國之服飾禮儀而從佛教之服飾禮儀？舍佛教之服飾禮儀而從中國之服飾禮儀又有何不可？第二謂或順機或矯時，唯求合道行道。佛教既已傳入中國，何不卽順中國之俗而行其道，而必令中國人之信佛者改變其服飾禮儀？第三，謂道教之服飾禮儀亦未盡合中國之習俗，若以此反對道教則可，欲以此證明佛教之服飾禮儀不合中國習俗爲合理則不可。李仲卿復云：

若佛苟令去茲冠冕，旦服披緇，棄我華風，遠同梵俗，則不能兼通冠冕，便是智力不周，何謂隨方現形，而爲設教？苟若不能，則佛自是天竺之梵神，非中華之大聖，豈有禿髮之訓施於中國？若漢學梵形，剪髮便名事師，則應梵習漢法，著巾亦爲奉道。是知露頂括髮，鄉俗不同。嗟乎！士民用爲修善，可謂貴鄰室之弊襜，賤自家之黼黻（註六一）。

其要義有二，一謂如佛徒所謂，佛爲全人類大聖，不受地域限隔，則應智力周全，隨方設教，而不當必令中國僧尼改遵印度之服飾禮儀。否則便是有所限隔，非週全普遍，而不能成爲全人類之大聖，只是印度之土神，中國人自不應崇奉，至於印度之服飾禮儀，自不可行於中國。二謂若中國人遵奉印度人之服飾禮儀，卽可信奉佛教，則印度人遵奉道教之服飾禮儀，應亦可信奉道教；印度不遵奉中國之服飾禮儀，何爲中國人須遵奉印度之服飾禮儀？中印既各有其服飾禮儀，而彼此不同，中國人自不應遵奉印度之服飾禮儀。其第一義甚爲允當，第二義則稍有不妥，蓋佛徒僅堅持出家人須遵奉佛教之服飾禮儀，並未以爲奉佛教之服飾禮儀卽爲信佛也。仲卿以此爲假設而反對之，難免有無的放矢之嫌。而釋法琳之辯駁，重點有二，一謂：

> 至道應運無方，聖賢乘機引物。子居九夷，不患其陋；禹入裸國，欣然解裳；姬伯適越而文身，武靈順世而梵服。雖復筌蹄異用，而魚兎之功齊矣。……

二謂：

> ……何勞勤苦，自名道士，而實是學佛家僧法耶？學又不專，蓋是圖龍畫虎之儔耳，何不去鹿巾，釋黃褐，剃鬚髮，染袈裟而歸依世尊耶（註六二）？

釋法琳辯駁之第一點，可謂自打嘴巴。既言至道應運無方，聖賢乘機引物，却又主張華人信佛，必改遵印度服飾禮儀。既稱讚「禹入裸國，欣然解裳」，則佛便應入中國而冠冕罄折，何爲反令中國人削髮棄冠？第二點謂道既竊取佛法，卽應歸依佛教，削髮爲僧，披服袈裟，而不當既竊取佛法，又反對僧徒之服飾禮儀。此點確中道徒要害，然於華夷之辨却無以爲解。

此外，李仲卿，以老子化胡經爲本，以爲梵人之服飾禮儀乃是一種制服凶頑之刑罰，華人非凶頑，自不當受此刑罰，而云：

> 胡王不信老子，老子神力伏之，方求悔過，自髡自剪，謝愆謝罪。老君大慈，愍其愚昧，爲說權教，隨機戒約，皆令頭陀乞食，以制兇頑之心；赭服偏衣，用挫強樑之性；割毀形貌，亦爲剠劓之身……（註六三）。

此與前述梁時流行之三破論中所云「剃頭本不求佛，爲服凶胡」之說同屬不擇手段，有失辯論風度，不足置論。

二、地域以華夷之辨爲理由反對佛敎者，除謂華夷文化殊異之外，亦謂華夷之地域不同。綜諸人之說，要在以爲華夏居大地之中央，位極尊上，而諸夷則分居邊陲，地甚偏僻，而產生佛敎之印度亦屬夷狄。如宋顧歡以爲：

東有驪齊之醜，西有羌戎之流，北有亂頭被髮，南有剪髮文身，姬孔施禮於中，故有夷夏之別。……如來爆化中土，故有戎華之異也（註六四）。

又何承天與僧智嚴爭辯，亦以爲中國居大地之中央，而印度位居邊陲（註六五）。因而就俗人之立場言，周孔之敎出於中國，佛敎產自印度，印度人不信周孔之敎，中國人自不當信仰佛敎。如唐傅奕謂：

封周孔之敎，送與西域，而胡必不肯行用（註六六）。

其言外之意，自謂佛敎傳入中國，國人亦不可信。故明槩謂：「奕意豈不云胡敎來此，漢人亦不得受」（註六七）？甚得其意。至辯聰書生所云：「蓋聞釋迦生於天竺，修多出自西胡……實遠夷所尊敬，非中夏之師儒」（註六八）。其意尤爲明顯。而就道敎之立場言，則道敎創自中國，佛敎生於印度，中國人應信中國之敎，不應信印度之敎。如三破論中云：

……尋中原人士，莫不奉道，今中國有奉佛者，必是羌胡之種（註六九）。

唐時有人云：

老君應生，出茲東夏；釋迦降迹，挺彼西戎（註七〇）。

是亦主張當信以老子爲教主之道教，而不當信釋迦牟尼所創之佛教。而其關鍵卽在於老子生於中國，釋迦生於印度也。

據上所述，諸人皆以地域不同爲理由反對佛教，是以爲地域之不同卽是理由，而未嘗於地域之不同上尋求更深入之理由。而老子序中則以東爲木，屬陽，爲道之所出；西爲金，屬陰，爲佛之所生。陽尊陰卑，故道教優於佛教（註七一）。唐時又有人云：

夫東西二方，自有陰陽之別，左右兩位，便成仁義之殊。仁唯長善，陽又通生；義主裁成，陰論肅殺。二氣爲教，則陰不及陽；五德爲言，則仁深義淺（註七二）。

是依陰陽方位之說，謂東方屬陽，陽主生，故配以生生之仁；西方屬陰，陰主殺，故配以裁成之義。陰不及陽，陽優於陰，卽陽尊陰卑也。而中國在東，天竺在西，故就地域言，中國尊於天竺也。而佛徒們，對以地域不同爲理由反對佛教者，亦紛紛出而辯駁，綜其理由，要者如左：

其一、謂依地理言，印度實居大地之中央，中國反居邊陲。東漢之末牟融卽有此意，而謂「漢地未必爲天中也」（註七三）。至宋釋慧通，則明言：「天竺，天地之中，佛教所出者也」（註七四）。而以智嚴法師所言最爲精詳，唐釋法琳述宋何承天與智嚴法師共爭邊中曰：

法師云：「中天竺地，夏至之日，日正中時，竪晷無影，漢國影臺，至期立表，猶餘陰在。依算經，天上一寸，地下千里……中天竺國則地之中心」（註七五）。

其他如宋釋僧愍，梁釋僧祐，唐釋法琳與李師政等，亦均謂佛所生之天竺居地之中，是眞爲中國，所謂中國者，實居地之東隅，故不可以地之邊中爲理由以排斥佛教（註七六）。

其二、謂教化不受地域所限，至道爲人類所共遵，不可因地域之異同以定其高下取舍。單就教化至道而言，實無華夷之分。如宋釋慧通云：

> 夫大人無私，至德弗偏，化物共旨，導入俱致，在戎狄以均響，處胡漢而同音，聖人寧復分地殊教，隔寓異風？豈有夷耶？寧有夏耶（註七七）？

梁釋僧祐云：

> 若疑教在戎方，化非華夏者，則是前聖執地以定教，非設教以移俗也。……今反以至道之源，鏡以大智之訓，感而遂通，何往不被？夫禹出西羌，舜生東夷，孰云地賤而棄其聖？丘欲居夷，聃適西戎，道之所在，寧選於地？夫以俗聖設教猶不繫於華夷，況佛統大千，豈限於西戎哉（註七八）？

北周王明廣亦云：

> 金玉異珍，在人共寶；玄儒別義，遐邇同遵。豈必孔生自國，便欲師從，佛處遠邦，有心捐棄（註七九）？

其他如梁之劉勰，唐之釋法琳李師政等，亦均有如是主張，以明佛教之不可反對（註八〇）。

其三、謂佛是大聖，而周孔爲小聖，功德威靈相差懸殊，故周孔之教雖受地域限制，不爲天竺人接受，而佛教則當爲中國人接受，而不受地域限制。如唐釋明槩云：

> 佛是大聖，化滿十方，遠降威靈，漢明親睹，君臣欣感，民庶歸心，故遣使西行，遠到天竺，摩騰隨至，傳化迄今。周孔小聖，德局一方，不能遠降威靈，使彼親感，故西域之人，無緣生信（註八一）。

明槩此語乃爲反駁傅奕以「周孔之教，送與西域，而胡不肯行用」爲由反對中國人信仰佛教而發。其他如釋法琳、李師政等，亦有此意（註八二）。

此外，周甄鸞曾答老子序謂：「以五行推之，則金能刻木，木以金爲官鬼，金以木爲妻財」，故佛優於道（註八三）。而釋法琳對「夫東西二方，自有陰陽之別」之說，則反駁之曰：

> 夫金夫木妻，陰陽孰可永執？離南坎北，男女匪有定方。所以子午以東爲陽者，取男女生於東方也；子午以西爲陰者，言父母老於西方也。此則從生老以判陰陽，非尊卑以言勝劣。假令父母在西，未應卑子，男女在東，豈敢尊父？仁非義則不成，義非仁則不養，所以子午以東仁也，父西義也，隨處立準，無惑大方。苟局判於所生，所拘限於封域者，亦當西羌大禹所出，以仁汎之德頓虛；東夷文王所生，裁成之教永缺（註八四）。

是謂陰陽無定位，仁義不可分，俱無深淺善惡之別，故東西亦無尊卑也。若依外論，豈大禹因生西羌則不仁，文王因出東夷則不義耶？以此，自不當執地域之東西，以定教化之優劣，藉而排斥佛教。

反對佛教者，以爲中國居大地之中央，天竺居於邊陲，因而中國人不當信奉佛教。實不成其爲理由。蓋大地之中邊並無標準，中國所居未必是大地中央，天竺所居亦未必是大地邊陲，若中國人謂中國爲中央，天竺爲邊陲，天竺人亦可謂天竺爲中央，中國爲邊陲。此其一也。卽便中國所居確爲大地中央，天竺所居確爲大地邊陲，若單就地域言，中央未必優於邊陲，邊陲亦未必不如中央。如今日之中國，中央地域反較沿海爲落後，卽其顯例。此其二也。考其時諸人以邊中分別中國與天竺而藉以反對佛教者，其中當隱含幾種觀念。一爲傳統之中原觀念，中國古時打天下爲帝王者，必得中原始可以居正統。二爲地域與文野尊卑結合之觀念，以爲中國地居中央，故文明尊貴，四夷居邊陲，故野蠻卑賤。三爲人類共有之自我中心觀念，以爲出於我國者我當信奉，出於他國者我則不當信奉。因此乃謂中國居大地中央，天竺居於邊陲，以中國之人，不可信出於天竺之佛教；實出於感情者多，而依據理論者少。此乃就反對佛教者普遍言之。若單就道徒而論，亦可能係故意藉地域之邊中以打擊佛教，恐既非依據理論，亦非出於眞正之感情。

佛徒反駁之理由中，其一、謂天竺居大地之中央，中國反居邊陲，與前述以中國居中天竺居邊而反對佛教之說，同屬不當。其二、謂教化不受地域限隔，至道當爲人類所共遵，不當因地域之異同以定其高下取舍。依純理言之，甚爲妥切。然事實上，不同之地域，常發展爲不同之社會，有其不同之文化傳統與不同之風俗習慣，而教化之產生又必以社會文化習俗爲背景。因而不同地域所產生之教化，其基本之理雖每相契，但必有其與社會文化習俗相關之不同處。不同地域之教化既有不同處，且其不同與社會文化習俗相關，則一地域之人，必對其本地域之教化感覺親切，而樂於接受，對其他地域之教化自易持排斥之態度。苟又存有民族觀念，依民族立場以反對異地教化，則更屬當然。其三、謂佛爲大聖，周孔爲小聖，故周孔之教雖受地域限制不爲天竺人所接受，而佛教則當爲中國人所接受，而不受地域限制。眞是胡言亂語，於理無據。佛與周孔之間如何定其聖之大小？卽便其大小可定，又何以必謂佛爲大聖，而周孔爲小聖？凡此，均是非但不能服人，且必令人發生反感之處。當然，謂佛爲大聖，或出於信佛者以佛徒身分對其教主信仰尊崇之眞實情感。然情感僅屬自身之感受，未必得他人承認，以印度因明術語言之，卽未必得他許；既不得他許，則不可作爲辯論或推理之前提。佛徒在情感上以佛爲大聖，尊崇周孔之人在感情上亦以周孔爲大聖。二者均係出於自以爲是之感情，若欲據之以服對方，其結果，彼此間之衝突必益爲強烈，絕無調和之可能。

至於唐朝有人以中國居東方，爲陽爲仁，天竺居西方，爲陰爲義，陽生陰殺，仁深義淺，故中國尊於天竺，中國之人不當信仰佛教。此乃一方面承呂氏春秋、禮記月令與董仲舒言陰陽之旨，一方面體孔子以來談仁義之意。呂氏春秋十二紀與禮記月令，均以陰陽五行四時配方位。東方木爲春，南方火爲夏，屬陽；西方金爲秋，北方水爲冬，屬陰。春夏生長，秋冬肅殺；春夏行德惠，秋冬用刑兵。雖未有陽尊陰卑之說，已含有陽尊陰卑之意。至董仲舒，則明言陽尊陰卑，其春秋繁露中有陽尊陰卑一篇，謂陽爲主陰爲輔，將屬德之事盡歸陽，背德之事盡屬陰。據此故謂「陰不及陽」。又孔子多談仁少談義，且仁之內涵廣，義之內涵窄（註八五）。老子云：「失道而後德，失德而後仁，失仁而後義，失義而後禮」（註八六），將義排在仁之後。據此故謂「仁深義淺」。加以中國居東天竺居西之事實，乃謂中國爲尊天竺爲卑，出於天竺之佛教亦不當信仰。此說自成一套體系，用於古代政治，亦可能產生相當良好之作用，然欲用以說明東方必優於西方，則人人皆知其武斷。而釋法琳之反駁，謂陰陽無定位，仁義無深淺，俱不拘限於封域，故東西亦無尊卑。是將上述理論體系之基本假設予以否認，使其失去東尊西卑說之依據，大體而論，尚稱妥當，唯於推理上仍有罅隙。如言「所以子午以東爲陽者，取男女生於東方也；子午以西爲陰者，言父母老於西方也。此則從生老以判陰陽，非尊卑以言勝劣」，卽有問題。蓋旣承認東方生西方老，陽生陰老，陰陽自有定位，而一般人心目中之生與老，自有價値高下之分，恒喜生長而惡老死，如此，則陰陽以及東西方位自可有尊卑勝劣之分。本謂其無別，奈反證其有別何？又老子序與甄鸞依東爲木，屬陽，西爲金，屬陰之爭，說甚簡明，互有勝負，無須詳論。

三、種族：以華夷之辨爲理由反對佛教者，亦常以爲華夷之間有種族上之不同，夷種之人始信佛教，華種之人不當信也。如三破論中卽云：「今中國有奉佛者，必是羌胡之種，若言非邪，何以奉佛」(註八七)？北周武帝滅佛詔中亦云：「朕非五胡，心無敬事」(註八八)。均是以種族不同而反對中國人信奉佛教。而言華夷間種族不同者，多從民性方面予以分別。所謂民性不同者，一、謂華人性善，夷人性惡，如宋道士顧歡云：

以國而觀，則夷虐夏溫(註八九)

又云：

佛是破壞之方，道是興善之術。又以中夏之性，不可效西戎之法（註九〇）。

唐之傅奕亦云：

西域胡者，……人面而獸心，土梟道人，驢騾四色，貪逆之思種（註九一）。

係皆就民族性着眼，謂華人性善，夷人性惡。明確言之，卽中國人性善，創立佛教之天竺人性惡，性惡之人創立之宗敎，性善之人不可信奉。而佛徒自亦起而反駁，否認華夷民性之不同，尤否認天竺人性惡。如宋朱昭之反駁顧歡前說云：

請問炮烙之苦，豈康竺之刑？流血之悲，詎齊晉之子？剞剔之苦害，非左衽之心；秋露含垢，匪海濱之士。推檢性情，華夷一揆（註九二）。

是謂若干暴虐殘酷之事，皆出自華人，實則華夷民性並無差別，華人與夷人皆各有善惡，非必華人善而夷人惡也。又宋朱廣之反駁顧歡之後說云：

請問中夏之性與西戎之人，爲夏性純善，戎人根惡。如令根惡，則於理何破？使其純善，則於義何興？故知有惡可破，未離於善；有善可興，未免於惡。然則善惡參流，深淺互列，故羅雲慈惠，非假東光；桀跖凶虐，豈鍾西氣？何獨高華之風，鄙戎之法邪？若以此善異乎彼惡，殊乎此惡，則善惡本乖，寧得同致（註九三）？

案此節文字當有錯簡，「若以此善異乎彼惡，殊乎此惡」句，似應作，「若以此善異乎彼善，彼惡殊乎此惡」。廣之之意有二：一謂華夷之民性各有善有惡，非華獨善而夷獨惡，與朱昭之所說同。

二謂若以爲華人之善惡與夷人之善惡不同，則標準不同，自不可相互比較，更不能謂華善而夷惡也。至於唐釋法琳反駁傅奕之說，則云：

又所謂西胡西域，僅葱嶺以東三十六國，不關天竺佛生之地（註九四）。

是緊扣傳說文字，謂西域非天竺，西域之人性惡與天竺之人無關，亦與釋迦佛教無關，自不能成爲反對佛教之理由。

二、謂華人有超形象之智慧，故信形上之理；夷人則否。如三破論中云：

胡人不信虛無，老子入關，故作形像之化也（註九五）。

而釋僧順駁之曰：

原夫形像始立，非爲教本，意當滅度之後。……羅什法師，生自殊方，聰明淵博，善談法相，……詮以眞俗二名，驗以境照雙寂，振無爲之高風，激玄流於未悟，所謂遺之至於無遺也。子謂胡人不信虛無，誠非篤論（註九六）。

意謂第一、佛教雖亦有形像之教，如旃檀香像等，然非佛立教之本，且係產生於佛滅度之後。第二、以羅什法師爲例言之，可見胡人最長於形而上之玄理。

權衡雙方之爭論，反對佛教者如顧歡、傅奕等，謂華夷民性不同，華善而夷惡，至爲武斷，乃出於種族間之成見，自信其如此則可，欲以服人則不可。客觀言之，各種族之民性，因地域、氣候、食物等之不同，每有差異，如有者較強悍，有者較溫和，有者熱情，有者理智，誠屬事實。然必謂孰善孰惡，則難允當。而三破論中謂夷人缺乏超形象之智慧，不信形上之理，尤與事實相違。蓋佛教之理最富形上色彩，最具玄妙意味，卽老莊之玄亦不能與之相比，而云「胡人不信虛無」，直等亂語。

至於佛徒之答辯，如朱昭之、朱廣之等，謂華夷之性各有善惡，甚爲中肯。而釋法琳以西域非天竺，以答辯傅奕「西域胡者人面獸心」之說，其華夷之性無必善必惡之本意不差。單就字面觀之，西域不關天竺亦無不當。然察傅奕之原意，西域卽包括天竺，且主要指天竺而言，蓋其目的在反對佛教也。釋法琳對傅奕之原意亦必領會，而仍作字面爭論，不顧傅奕之原意，則是詭辯也。又釋僧順對三破論「胡人不信虛無」之答辯，亦足以駁倒對方。唯其舉羅什法師爲例以明胡人長於形上玄理，實不如直接由佛教「無常」、「無我」、「法空」、「色空」等義言之爲精當也。

其次是從形貌方面分別華夷之種族，以爲華夷形貌殊異，顯屬不同種族，以華夏之人，不可信夷種之教，如唐傅奕云：

西域胡者，惡泥而生，便是泥瓦，今猶毛臊（註九七）。

釋法琳反駁之，其大意謂庖羲蛇身人面，大庭氏人身牛頭，女媧氏蛇身人頭等，「或南面稱孤，或君臨萬國」，「形貌鄙麤，而各御天威，人懷聖德」（註九八）。言外之意以爲天竺之人雖形貌與華人殊異，佛教仍可行於中國。而其時又有人云：

夫聖人妙相，本異凡夫。或八彩雙瞳，河目海口，龍顏鶴步，反宇奇毫。至如卷髮綠睛，夷人之本狀；高鼻深目，胡子之常形，豈可疋我聖人，用爲奇相？若事佛得報，中國士女反作胡形（註九九）。

而釋法琳之答辯則與上述反駁傅奕者略同，而云：

聖人相質無常，隨方顯妙，是以蛇軀龍首之聖，道穆於上皇；雙瞳四乳之君，德昭於中古。周公反握，猶騏驥之一毛；禹耳齊肩，乃崑山之片玉。夫法身等於如如無方，理絕稱謂；化體由乎應物，妙質可涉名言，……（註一〇〇）

反對佛教者，以形貌之不同爲種族之分別，自無不當，然必謂某種形貌優，某種形貌劣，則是純出種族偏見，於理無據。不過一種族之人認爲同族人之形貌優，因而喜之，以爲他種族人之形貌劣，因而惡之，亦係人情之自然，實無可厚非；然以之作爲種族間客觀優劣之依據，則大爲不可。故釋法琳之反駁，大旨可謂不差，唯其持論尙欠堅實，如人謂聖人妙相，本異凡夫，然卷髮綠睛，乃夷人之本相，不可疋戰聖人，法琳仍列擧中國聖人之妙相以爲夷人與華人形貌不同之辯護，而未能扣住夷人奇狀不可疋我聖人妙相之意，作切要之答辯。至謂佛之法身無方，而化體則形貌至妙，乃是由信仰所生之偏見，與反佛之華人以華人形貌優於夷人之種族偏見，同樣於理無據。

第四章附註

註一　公羊傳成公十五年。

註二　論語憲問。

註三　論語八佾。

註四　資治通鑑卷一九七，唐太宗貞觀十九年。

註五　賈子新書卷四，勢卑。

註六　桓寬撰，鹽鐵論，備胡第三十八，擊之第四十二。

註七　漢書九四上，匈奴傳。

註八　後漢書八七，西羌傳。

註九　後漢書八六，南蠻西南夷傳。

註十　漢書九五，朝鮮王滿傳。

註十一　資治通鑑卷六九，魏文帝黃初二年，司馬光曰。

註十二　魏書卷一。

註十三　周書卷三〇，竇熾傳。

註十四　以上參薩孟武西遊記與中國古代政治，頁五〇。

註十五　史記卷四，周本記。

註十六　左傳僖公十一年。

註十七　左傳僖公二十四年。

註十八　隋書卷八四，突厥傳。

註十九　新唐書卷二一五下，突厥傳贊。

註二十　論語子路。

註二十一　論語衞靈公。

註二十二　梁漱溟中國文化要義第一章，引陳嘉異述羅素等語曰：「中國實爲一文化體而非國家」，頁一九。

註二十三　漢顯宗開佛化法本內傳，唐釋道宣集廣弘明集卷一。

註二十四　牟融理惑論，梁釋僧祐撰弘明集卷一。

註二十五　釋道宣，叙列代王臣滯惑解上，廣弘明集卷六。

註二十六　朱廣之諮顧歡道士夷夏論幷書引，弘明集卷七。

註二十七　釋道宣，叙任道林辨周武帝除佛法詔，廣弘明集卷十。

註二十八　唐釋明槩，決對傅奕廢佛僧事幷表引，廣弘明集卷一二。

註二十九　同註二十六。

註三　十　同上。

註三十一　同上。

註三十二　宋釋慧通，駁顧道士夷夏論幷書，弘明集卷七。

註三十三　同註二十六。

註三十四　與顧歡道士書幷頌，弘明集卷六。

註三十五　難顧道士夷夏論幷書，弘明集卷七。

註三十六　同註二十六。

註三十七　唐釋法琳，對傅奕廢佛僧事幷啓，廣弘明集卷十一。

註三十八　同註三十二。
註三十九　同上。
註四　十　與顧道士書——折夷夏論——弘明集卷六。
註四十一　同註三十五。
註四十二　同註二十六。
註四十三　同上。
註四十四　同註三十二。
註四十五　同註四十。
註四十六　同註三十五。
註四十七　同註四十。
註四十八　釋慧通駁顧道士夷夏論幷書引。
註四十九　同註三十五。
註五　十　同上。
註五十一　論語八佾。
註五十二　正二教論，弘明集卷六。
註五十三　釋僧順，釋三破論，弘明集卷八，亦載淸嚴可均輯全梁文卷七十四。
註五十四　同上。

註五十五　釋法琳，辯正論幷序，十喩篇上引，廣弘明集卷一三。

註五十六　同上十喩篇下引。

註五十七　十喩篇上。

註五十八　十喩篇下。

註五十九　同上。

註六　十　十喩篇上。

註六十一　釋法琳，九箴篇，廣弘明集卷一四。

註六十二　均同上。

註六十三　九箴篇引。

註六十四　宋釋僧愍，戎華論折顧道士夷夏論，弘明集卷七。

註六十五　同註五十五。

註六十六　同註二十八。

註六十七　同上。

註六十八　李師政，內德篇，辯惑一引，廣弘明集卷一五。

註六十九　梁劉勰滅惑論引，弘明集卷八。

註七　十　同註五十五。

註七十一　周甄鸞，笑道論，佛生西陰八引，廣弘明集卷九，亦載淸嚴可均輯全後周文卷二〇。

註七十二　同註五十六。

註七十三　同註二十四。

註七十四　同註三十二。

註七十五　同註五十五。

註七十六　同註六十四，釋僧祐弘明集後序，同註五十五，廣弘明集卷一五李師政內德篇。

註七十七　駁顧道士夷夏論幷書。

註七十八　弘明集後序。

註七十九　釋道宣，敘王明廣請與佛法事，廣弘明集卷十。

註八　十　劉勰滅惑論，釋法琳辯正論幷序十喩篇下，李師政內德篇。

註八十一　同註二十八。

註八十二　十喩篇下，內德篇。

註八十三　周甄鸞笑道論，佛生西陰八。

註八十四　十喩篇下。

註八十五　如論語顏淵篇答顏淵問仁、樊遲問仁，衛靈篇答子貢問爲仁等，說各不同，包涵諸德，可見仁之內涵甚廣。而言義，如衛靈篇謂小人言不及義，及君子義以爲質等，則與他德並列，內涵較窄。

註八十六　三十八章。

註八十七　同註六十九。

註八十八　同註二十七。

註八十九　難顧道士夷夏論幷書引。

註九　十　同註二十六。

註九十一　釋法琳，對傅奕廢佛僧事幷啓引。

註九十二　同註三十五。

註九十三　諮顧道士夷夏論幷書。

註九十四　同註三十七。

註九十五　釋僧順，釋三破論引。

註九十六　同註五十三。

註九十七　釋法琳，對傅奕廢佛僧事幷啓引。

註九十八　同註三十七。

註九十九　釋法琳，十喻篇下引。

註一〇〇　十喻篇下。

第五章　其他課題

俗佛道爭論之政治課題，除倫理關係，君臣關係及華夷之辨外，尚有財經、兵役與治效諸課題，茲合爲一章分節述之如後。

第一節　財經問題

佛道盛行之際，出家之人不納賦稅；人爲僧尼道士女冠，不務生產，而坐待衣食；且興造寺塔廟觀，盛饌聚徒，大事浪費；甚而無行之徒，貪財屯聚，與民爭利，國計民生，皆大受影響，俗人不平，每加評擊，佛道之徒，亦或相互指斥，爭論由是而起。

一、**坐食不耕**：出家之人，不務生產，坐待衣食，其衣食之資，全係取之俗人；若出家者衆，則生產者少，消費者多，人民衣食必將匱乏，故評擊者甚衆，如晉時有東京東敎君子指斥佛僧曰：

　指掌空談，坐食百姓（註一）。

流行於梁時之三破論中，亦指責僧徒單消費不生產，而云：

　不蠶而衣，不田而食（註二）。

梁荀濟上書梁武帝，指出僧徒坐食，影響民生，其云：

> 佛家遺教，不耕墾田，不貯財穀，……數十萬衆，無心蘭若，從教不耕者衆，天下有飢乏之憂（註三）。

古者欲食則須耕，欲衣則須織；不耕不織，而欲衣食，則是剝削他人。雖「治人者」可以不耕不織，然彼等「勞心」，於耕織間接有功，亦是生產，受人奉養自無不可。僧徒既不親耕親織，亦非間接於耕織有功，而欲坐待衣食，取給百姓，實是於理無憑，亦足影響民生，唐時即有人評之曰：

> 若一女不織，天下爲之苦寒；一男不耕，天下爲之少食。敎闕轉練之方，業廢織紝之婦。是知持盂震錫，糊口誰憑？左衽偏衣，於何取託？故當一歲之中，飢寒總至，未聞利益，已見困窮（註四）。

因而傅奕上奏，主張勒令僧人還俗，從事生產，其云：

> ……僧有十萬，六十已還，簡令作丁，則兵強農勸（註五）。

晉南北朝隋唐期間，佛道發達，出家之人甚衆，既不耕織，取給於人，其影響國計民生，是屬必然，俗人指斥，絕非無的放矢，亦非危言誇張，不過其所指斥者，以佛僧爲主要目標，因而出而反駁者，亦多爲佛僧。綜歷朝佛僧反駁之理由，一爲衣食不能廢，人皆須賴衣食爲生，僧徒是人自不能例外；既須衣食，又不宜自供，自須取給於人。不過其所取者，乃豐年時人之所餘，困歉之年，仍力謀自供，故非奪人之所需，不致影響民生。如晉釋道恒云：

> ……然體無毛羽，不可袒而無衣；腹亦匏瓜，不可繫而不食。自來造極，要有所資。豐年則

取足於百姓，時儉則肆力以自供，誠非所宜，不得已也（註六）。

二爲僧徒衣食之資，雖取給於人，然所取極少，人之所舍無多，不致損其財富，然於僧之功用甚大，可以賴之生存。且取之有道，雖多亦無不當，僧徒傳道弘福，取給於人，絕無不可。如釋道宣云：

故經云：……千萬分取一分，供我子弟，受用無盡。故知爲道出家，爲道興供，爲道而受，爲道弘福，……經云：……如法受施，千金納之；必乖佛化，杯水不許（註七）。

唐釋明槩以爲衆僧衣食甚簡，穿陋衣，戒飾好，一日一食，一食一鉢。而俗人衣食皆過僧侶，道士醮祭，尤其浪費（註八）。是同上述道宣前半之意。周王明廣以爲衆人受道於僧徒，僧徒取給於衆人，等同衆人所奉之束修，取之絕無不當（註九）。又同上述道宣後半之意。

三爲對國家之貢獻，途經甚多，不必定要從事生產。且從事於生產者，其貢獻甚少，乃是庸民。如周王明廣云：

……義有多途，何必躬耕？……若乃事親以力，僅稱少孝；祖丁奉上，忝是庸民，……（註一〇）。

唐釋明槩亦云：

若言躬耕力作以爲農勸者，此由局見，未是通途。夫俗不可以一禮齊，政不可以一道治，士不可以一行取，民不可以一業成（註一一）。

說法雖與王明廣之說少異，而意義則同，皆以爲義有多途，僧徒不必躬耕也。

四爲君子謀道不謀食，道重於食，故佛僧當專心於修道，不當留意於耕稼。如唐釋法琳云：

謀道不先於謀食，守信必後於飢。是以桀溺矜耕，孔子譬諸禽獸；樊須學稼，仲尼譏於小人。稷下無位而招祿，高其賢也；黔婁非仕而獲賜，尚其淸也。善人之道，何必耕稼（註一二）？

法琳又以爲織紝乃婦人之事，僧徒不蓄妻，自廢織紝（註一三）。是其主張僧徒不須從事生產之另一理由。

佛道盛行之際，出家者衆，不務生產，俗人責其坐待衣食，影響民生，雖或有言過其實誇大其辭之處，然大體言之，可謂理直而氣壯。而佛徒之反駁，則是爲其不務生產，坐待衣食之事實，尋求各種理由；事實不當，其所尋求之理由，自亦難盡妥切。其一謂人皆須賴衣食爲生，故僧徒須受人供養。是以生活上之需要作爲取給於人之理由。生活上之需要固可作爲取給於人之堅強理由；然而尤可作爲從事生產之理由；生活上既有需要，何不逕自從事生產，而必賴取給於人？至謂出家人不宜生產自供，尤屬無理。其說或係依出家人不貪財謀利之意而發。然生活既需衣食，出家人又必欲生活，則生產自供絕非貪財謀利；若以生產自供爲貪財謀利，何爲取給於人而非貪財謀利？乃理之所不可通者也。其二謂僧徒生活甚儉，所費無多，取給於人者甚少，不至損人財富。是亦不可。蓋終算僧徒所取甚少，然積少可以成多。苟人泰半出家，僧徒多於俗人，雖每人所取甚少，亦必爲俗人所不能負擔。

而其時僧徒確已爲數不少，雖不及俗人之半，然總計其消費，數目必已相當龐大。國人向賴農產維持生計，生產力本極有限，務農者以田地之所產，欲謀自供，恐猶不足，且須繳納租稅，尙有何餘力負此重擔？至謂取之有道，雖多亦無不當，於理絕無不通。然問題在於僧徒取給於人是否卽是有道。其所謂有道者，乃以爲僧徒棄俗出家，不營資產，修身弘法，救世度人，理應取之於民，以供衣食。不過此乃僧徒主觀之信仰，未必爲他人所承認；苟他人不肯承認，則其取給於人，依他人觀之，仍非有道。姑退一步承認能修身弘法，救世度人之僧徒，其取給於人，是爲有道。然僧徒之中仍多不能修身弘法，救世度人者，其取給於人則是非有道也，既非有道，則不當取，而其事實，却是所有僧徒皆取給於人也。其三謂義有多途，不必躬耕。於理至爲允當。蓋一社會之維持，除直接生產者外，尙須有其他各種人才，分工合作，各盡所能，孟子謂「或勞心，或勞力」（註一四），卽寓有主張分工之意。墨子雖重物質生產，然猶以爲談辯、說書、從事等，皆是爲義（註一五），亦不忽視分工。故所謂義有多途，當係指依分工之原則，各對社會之維持盡一己之力，而有所貢獻。苟能對社會之維持有所貢獻，卽是爲義，自可不必從事生產。然而出家爲僧，乃是破壞社會，至少是逃避社會，而非盡力以維持社會，對現實社會自無貢獻。故出家爲僧並非爲義，既對社會無所與，卽不當對社會有所取；不耕而食，不織而衣，實屬非是。當然佛教戒人貪爭，勸人爲善，僧徒以此教人，對現實社會之維持亦當有所貢獻。然以爲憑此而受人供養是理所應當，則屬不可。況佛教之基本精神與僧出家之本意，均在否定現實社會？既否定之，又依賴之，何其矛盾？其四謂君子謀道不謀食，僧徒出家修道，不當留意耕織。吾人姑不論謀道是否不當謀食，亦不論僧徒出家是否卽是謀道，而但論僧徒是否眞不謀食。實則其所謂不謀食者，僅不親自耕織，不務生產而已，非眞不謀食也。若眞不謀食，則當不取給於人；既取給於人，則是謀食；既謀食，又不務生產，是寄生之輩也。至謂織紝乃婦人之事，僧不蓄妻，無從織紝，直是詭辯。蓋出家之人，除僧而外，尚且有尼，尼者雖非僧人之妻，然而亦是婦人，織紝爲婦人之事，尼何爲而獨不能從事織紝？

二、不納賦稅：古之出家人乃是方外之賓，不在戶籍，故不納稅。如出家人數極少，不增他人負擔，亦不影響國庫收入，人們或不至注意其是否合理。然由晉而後，出家之人日衆，每以數十萬，甚至數百萬計，其不納稅，則直接減少國庫收入，間接增加人民負擔，影響國計民生，至爲顯然。於是引起反感，招致指責。出家人爲保此特權，自亦相繼出而辯駁。如梁荀濟上梁武帝書，卽指僧人「規免租役」（註一六）。陳時僕射領軍徐氏，曾謂僧尼「不輸王課，靡助國儲」，奏請將僧尼編入戶籍，令其還俗爲民，負擔賦稅（註一七）。北齊有俗人謂：「無業之僧，空國賦算」（註一八）。北周武帝廢佛，亦以僧不納稅爲主要理由，故於佛法廢滅之後，曾云：「自廢已來，……租調年增，……國富民樂」（註一九）。而佛徒抗辯之理由，舉其要者，約如左列諸端。

其一、謂僧尼行踪飄忽，無有定所，亦無財產，故應免納賦稅。如陳釋眞觀答徐僕射領軍云：

但浮遊之屬，萍迸蓬飛，散誕之流，且貧終窶，鄉里既無田宅，京師又闕主人，納屨則兩踵併穿，歛襟則雙肘皆現……，信哉應免（註二〇）。

其二、謂僧尼棄俗出家，事甚高尙，匿跡山林，不求富貴，則不應征其賦稅。苟僧尼弘法化人，使人皆信佛，則民安國富，其貢獻遠超過繳納賦稅。如北齊顏子推云：

儒有不屈王侯，高尙其事，隱有讓王辭相，避世山林，安可計其賦役，以爲罪人也？若能皆化黔首，悉入道場，爲妙樂之世，儴去之國，則有自然秔米，無盡寶藏，安求田蠶之利乎（註二一）？

其三、謂治國爲政，道德重於養民，故當留意於道德，而不當留意於賦稅。如任道林辯周武帝「自廢已來，租調年增」之語謂：

自國立政，唯貴於道，制化養民，寧高於德？……以是論之，何關壞佛退僧（註二二）？

其四、謂佛教之創立者釋迦牟尼，本爲淨飯王之太子，自不納稅，僧徒奉釋迦之教，故亦不應納稅，如周之甄鸞於駁斥老子序時卽云：

道人不兵租者，以本王種，故免也。道士庶賤，兵租是常（註二三）。

要求出家人納稅，雖違背當時之習慣，然於出家人數龐大，其不納稅確乎損及國計民生之時，起而反對，則是順乎情而合於理。至於佛徒之辯駁，主要在欲尋求理由以保持其旣獲之特權，未必皆能順情合理也。如彼等所舉之第一項不納稅之理由，謂僧尼無定所，卽與事實不盡相符，謂僧尼無財產，尤與事實相違。僧尼無定所者固然有之，然多數僧尼皆定居於寺庵，且其寺庵高廣莊麗，豈可謂之無定所耶？至於財產，則僧尼遠富於一般平民，甚或比於公侯，蓋佛教盛行之際，平民王公慷慨捐獻，加以無行僧徒之剝削聚歛，寺庵每擬宮殿，良田或連阡陌，其詳實情形，可由後項之討論中見之。而謂僧尼無財產，直足謊言。彼等所舉第二項不納稅之理由，謂僧尼出家，匿跡山林云云。如僧尼眞正出家隱居，與俗世完全斷絕關係，毫無依賴，其不納稅，則亦無妨。然究其實情，僧尼雖出家隱居，其所依賴於俗世者仍復甚多，如衣食以至寺庵佛像之建立等，無一不依賴俗世，可謂其能出家，全因有俗世可爲依賴，若無俗世可資依賴，彼等則根本無法出家，如此，自不應以出家爲由而不向俗世之政府繳納賦稅。又謂苟僧尼弘法化人，人人信佛，則國富民安，貢獻大於納稅。實屬誖謬。蓋果眞人人信佛，則將無一人生產，無一人納稅，國家不能存在，僧尼亦無以爲生矣。彼等所舉第三項不納稅之理由，謂治國爲政，當留意於道德，不當留意於賦稅。大意可謂不差。然不留意賦稅並非根本免除賦稅，只是不過分重視，以至暴征橫歛而已。苟僧徒之本意在此，吾人完全贊同。實則僧徒主張爲政不當留意於賦稅，乃在要求政府免課其稅。若政府免課其稅，其應納之稅必分由俗人負擔，勢必加重俗人之稅。則僧徒主張政府不當留意於賦稅，實際等於要求加重俗人之稅。如此，僧徒本身卽不留意道德，尙有何理由要求政府留意道德？至於彼等所舉不納稅之第四項理由，謂僧本爲王種，尤其誖謬。釋迦爲王種固屬事實，然其爲印度之王種，非中國之王種也；中國之人爲僧，與印度王種何關？僧本王種之說，絕無根據。古者帝王之家屬或後裔享免稅之權，確無異義，然其免稅之權僅限於當代，改朝換代之後，其王種之資格卽失，免稅之權自亦不復存在，而當時僧人非當代帝王之家屬或後裔甚明，豈得以王種資格而享免稅之權？

三、剝削浪費：出家人不務生產，不僅坐待衣食，不納賦稅，即法會祈禱之需，寺塔營建之費，亦皆取給於人，且常盡量鋪張，極其奢華，或剝奪民財，或與民爭利，假敬佛之名，聚歛委積。此由俗人觀之，實是大患，自不能不對之攻擊指責。而攻擊指責之重點，可歸納爲左列數項：

一、曰貪財聚歛：佛以不貪爲教，出家人本不應愛財，然事實上，貪財僧尼却常有之，如晉時有東京東敎君子指責僧尼之貪財聚歛云：

……至於營求孜孜，無暫寧息。……或商旅博易，與衆人競利；……或聚蓄委積，頤養有餘。……割生民之珍玩，崇無用之虛費……（註二四）。

隋有行樂公子述佛敎之弊時云：

……沙門而復縱無厭之求，貪有爲之利；勸俗人，則令不留髓腦；論䞋施，則便無讓分毫；或勝貴經過，或上客至止，不將虛心而接待，先陳出手之倍數（註二五）。

此外，梁時流行之三破論中謂僧尼「苦尅百姓」（註二六）。又有人謂「道人聚歛百姓」（註二七）。魏陽衒之謂其「侵魚百姓」（註二八）。唐時又有人謂「王公大人助之金帛，農商富族施之以田廬」（註二九）。均在指責出家人之貪財聚歛。出家人過分貪財聚歛，自會影響一般人之生計，因而唐太史令傅奕主張滅佛，使出家人不得聚歛，而云：

斷僧尼賉貯，則百姓豐滿，將士皆富（註三〇）。

二、曰寺塔浪費，佛徒建立寺塔，塑造佛像，以及營建僧尼居處，皆極其高廣華麗，幾比朝廷宮殿，遠過王侯之居，而其費用皆依賴捐輸，取之於民。此由不信佛之俗人觀之，直是以有用之資財，作無用之浪費，對國計民生爲害甚大。如晉東京束教君子卽云：

寺廟極莊麗之美，割生民之珍玩，崇無用之虛費；罄私家之年儲，闕軍國之資實……（註三一）。

是謂佛徒搜括民財，大建寺塔，影響國計民生。梁時有人指斥佛徒浪費，而云：

道人聚斂百姓，大構寺塔，華飾奢侈，糜費而無益（註三二）。

是謂寺塔建造全係浪費，無絲毫之益。荀濟於上梁武帝書中，指斥佛徒圖謀不規時，亦云彼等「營繕廣廈，潛擬皇居」，興建大室，莊飾胡像，僭比廟堂宗祀（註三三），是爲浪費。元魏末秘書監陽衒之，「見寺宇壯麗，損費金碧」，「侵漁百姓」，曾爲文指責（註三四）。北齊有人以爲寺塔於民有害，而謂「非法之寺，妨民耕稼」（註三五）。北周武帝廢佛，毀滅寺塔佛像，卽以爲建立寺塔佛像徒耗資財，全無益處；且依理，信佛由心，寺塔佛像亦無必要。故云：

且自眞佛無像，遙敬表心，佛經廣歎，崇建圖塔，致福極多，此實無情，何能恩惠？愚人嚮信，傾竭珍財，徒爲引費，故須除蕩。故凡經像，皆毀滅之（註三六）。

隋之行樂公子以爲古之聖君皆尙節儉，佛本以無欲爲教，故應野處露宿，不當建立寺塔，以求逸樂。而云：

僕聞采椽土階之儉，唐堯之所以宇民；瓊室玉臺之盛，商辛之所以敗俗。況如來行惟少欲，德本大悲，只應宴坐於塚間，經行於樹下，何宜飾九層之剎，建七室之臺？不愍作者之勞，不慚居者之逸，非所以自約（註三七）。

寺塔浪費於國計民生有害，指責者衆，因而唐太史令傅奕認爲「諸州減省寺塔，則民安國治」（註三八），而主張「絓是寺舍，請給孤老、貧民、無宅義士三萬戶。州唯置一寺，草堂土塔，以安經像……」（註三九）。

三、曰生活浪費：出家僧尼，單消費，不生產，衣食取給於人，已是人民之重大負擔。加以佛徒齋會之舖張，生活之奢侈，更令人厭惡，不能不予指責。如晉東京東教君子，指僧尼「會同盡餚繕之甘」（註四〇）。桓玄指斥僧尼「京師競其奢淫，榮觀紛於朝市，天府以之傾匱」（註四一）。三破論中指僧尼「日用損費，無纖毫之益」（註四二）。北齊章仇子陀謂僧尼「奸蕩奢侈，控御威福」（註四三）。僧尼既單消費不生產，其生活又極浪費奢侈，自亦使民生大受影響。因而唐太史令傅奕主張滅佛，移僧尼之所費，供民生之需，而云：

僧尼衣布省齋，則蠶無橫死，貧人不飢（註四四）。

而佛徒對上述指責，亦舉出許多理由以爲答辯。其要者，一爲些微過失在所難免，僧人聚斂奢侈，或亦有之，然不述其功德而單述其過失，實有欠公允。如晉釋道恒云：

然沙門之中，迹超諸乏，恥與流輩，動有萬數。至於唐釋法琳亦云，房宇門廊，都由信心起造，……求體道神化，超落人封，非可計算，而未曾致言，何其黨乎？……始者精誠乃有所感，自非一舉頓詣，體備圓足，其間何能不有小失（註四五）？

二爲衆人捐輸，供饌繕，建寺塔，乃在求來生之福，等同儲蓄，並非僧尼奢侈剝削，貪圖享樂，故釋道恒又云：

此修福之家，傾竭以儲將來之資，殫盡自爲身之大計耳，殆非神明歆其壯麗，衆僧貪其滋味（註四六）。

唐釋法琳亦云：

房宇門廊，都由信心起造，……求將來勝報，……非僧課立（註四七）。

三爲寺塔佛像之建立塑造，並非浪費。蓋「夫寺塔之興，闡揚靈教，功立一時，而道被千載」（註四八）。乃因一則寺塔佛像可引發人之情感，使之起崇拜信仰之心，而立志修道，對鈍根衆生尤其如此。如梁時有人云：

夫人情從所睹而興感，……令悠悠之徒，見形而不及道者，莫不貴崇高而忽仄陋。是以諸奉佛者，仰慕遺跡，思存髣髴，故銘列圖像，致其虔肅；割捐珍玩，以增崇靈廟。故上士遊之，則忘其蹄筌，取諸遠味；下士遊之，則美其華藻，玩其炳蔚，先悅其耳目，漸率以義方，……（註四九）。

北周王明廣亦云：

昔孔丘詞逝，廟千載之規模；釋迦言住，寺萬代之靈塔，欲使見形剋念，面像歸心。敬師忠主，其義一也（註五〇）。

二則寺塔佛像等同宗廟，若以寺塔佛像爲浪費，則宗廟亦是浪費。若因宗廟浪費而毀之，則是不孝，故寺塔佛像不可廢。若以宗廟非爲浪費，則寺塔佛像亦非浪費，故寺塔佛像不須廢。如釋慧遠反對周武帝廢佛教時云：

若以形像無情，事之無福，故須廢者，國家七廟之像，豈是有情，而妄相尊事？……又以七廟爲非，將欲廢者，則是不尊祖考……（註五一）。

唐釋明槩亦云：

然須崇善建福，樹果修因，敬事神明，承奉靈廟，豈可毀塔廢廟，併寺逐僧（註五二）？

四爲僧尼生活甚爲節省，衣食均較常人與道士簡樸，絕無浪費情事。如唐釋明槩反駁傅奕節僧尼衣食時云：

……急者日唯一食，食止菜蔬；身止三衣，衣唯糞掃下制。寬者食許兩時，味通酥乳，衣開十長，服許繒綿。……僧尼一齋止餐一鉢，一著唯衣數緤（註五三）。

五爲指責僧尼奢侈浪費者，或係出於嫉妒。如唐釋道宣，於述及北齊章仇子陀上疏責僧尼奢侈之時，卽云：

子陀家素貧煎，投庇莫從，形骸所資，唯衣與食，困此終窶，長弊飢寒，嫉僧厚施，致陳抗表（註五四）。

六爲國家財政枯竭以及人民之貧窮，或由於年歲治亂，或決於業緣天命，均與僧尼無關。如梁劉總反駁三破論謂僧尼浪費，使國空民窮時云：

始政阜，民戶殷盛；赤眉兵亂，國滅人絕，寧此之由？宗索之時，石穀十萬，景武之世，積粟紅腐，非秦末多沙門，而漢初無佛法也（註五五）。

周武帝以僧尼浪費而廢滅佛教，王明廣請復之，而云：

若必元由塔寺，敗國窮民，今既廢僧，貧應卒富；儉困城市，更甚昔年，可由佛之者也（註五六）？

均謂榮枯貪富，乃由於年歲治亂。唐釋明槩於反對傅奕以僧尼浪費而主廢佛時云：

果報奴惡，定之於業，命相吉凶，懸之於天。以此言之，軍民業貧者，與之而弗得；必其相富者，任置而恒豐（註五七）。

則謂榮枯貧富，係決於業緣天命。是皆以爲國家財政枯竭與人民貧窮，均與僧尼無關，故不當歸咎僧尼，而妄加指責也。

前述俗人謂僧尼剝削浪費，乃是指陳事實，雖或有誇張之辭，過激之語，然而並非虛枉。至如佛徒之反駁，其一謂些微過失在所難免，僧尼聚歛，或亦有之。至爲懇切。蓋過失人皆常犯，人數衆多，尤必良莠不齊，不獨僧尼如此，任何行業任何階層之人，亦莫不皆然，有少數敗類，何須驚怪？又謂不述其功德而單述其過失，有欠公允。亦甚平實。然佛徒之所謂功德，未必爲俗人所承認，尤其未必爲俗人所感受；而僧尼聚歛奢侈，事甚明顯，俗人感受頗深，述其過失而不述及功德，乃理所當然。尤有進者，即有功德之僧尼，仍須取給於人，增加人之負擔，人未知其惠，先覺其害，指責之猶恐不及，何暇述其功德？其二謂衆人捐輸，在求來生之福，等同儲蓄，並非僧尼奢侈剝削。如實言之，王公大人欲贖今世之罪孽，愚夫愚婦欲求來生之福報，而踴躍捐輸，自是出於志願。然依佛教之理，捐輸僅爲贖罪求福之末道，行善始爲正途，僧尼當識此理，何不教欲贖罪求福之人多行善而少捐輸，捨末道而趨正途，而樂得人之捐輸，來者不拒，多多益善？雖云非剝削，是亦剝削矣。況有僧尼奢侈浪費，與民爭利，妨民耕稼，聚歛委積，如上文所述者哉？其三謂寺塔佛像之建立塑造，並非浪費，乃因一則寺塔佛像可啓發人之崇拜信仰之心，使其立志修道，二則寺塔佛像等同宗廟，宗廟非浪費而不當廢，則寺塔佛像亦非浪費而不當廢；若以寺塔佛像當廢，則宗廟亦當廢，然廢宗廟是大不孝。前一理由就常理衡之，甚爲堅強，大凡人類心智之發展，均係由具體而達於抽象，由形象而至於無象。教育上常藉顯示具體事物，以培養人之觀念，訓練人之思想。各種宗教無不利用寺廟神像，使人起肅穆莊嚴之感，以激發並堅定其信心。故寺塔佛像可啓發人之崇拜信仰之心之說，甚爲允當。寺塔佛像既有此大用，自非浪費。然而依此言之，寺塔佛像只是一種工具，而非目的，並無絕對價值。佛教之目的在度人救世，度人救世始爲絕對價值。若過分重視寺塔佛像，甚至爲求寺塔佛像之高廣華麗而影響國計民生，使人民生活陷入困苦，則是將目的與工具顚倒。而且佛主無相，而寺塔佛像爲有相，過重寺塔佛像，則是着相，於修道有礙。終算其對愚夫愚婦有激發並堅定其信心之用，但一則其用，乃佛教中之用，俗人則不以其用爲用。二則其建立塑造，足以激發人之心意即可，無須極其華麗。三則其建立塑造之資，係取之於人，俗人既不以其用爲用，自然視爲浪費。後一理由亦相當堅強。佛徒心目中之寺塔佛像，確與俗人心目中之宗廟無異，俗人重視宗廟，佛徒自亦重視寺塔佛像。依理佛徒祀其寺塔佛像，俗人祀其宗廟，應各行其事，互不相責，然而寺塔佛像之建立塑造取資於人，如過求高廣華麗，則妨害國計民生，其影響波及俗人，俗人建立宗廟，則恃自力，無取於佛徒，與佛徒絕無影響。如此，雖云各行其事，實則佛徒侵及俗人，俗人起而指責，亦是理所當然。其四謂僧尼生活節儉，絕無浪費。出家僧尼，如能完全遵守佛戒，其生活自甚節儉，然依前述佛徒所承認者，僧尼衆多，難免良莠不齊，奢侈浪費者亦必有之。既如此，俗人之指責，卽非無的放矢。縱令僧尼全守佛戒，無一人奢侈浪費，然仍須取給於人，以維持生命；僧尼數衆，積少成多，亦是國家人民之重大負擔。而以俗人觀之，僧尼無用，有所消耗，卽是浪費。其五謂指斥僧尼奢侈浪費者，或係出於嫉妒。此種辯論直同謾罵。意卽僧尼奢侈浪費，別人意欲浪費，因無奢侈浪費之能力與條件，乃出而指責僧尼，僧尼之奢侈浪費，不容別人指責。本在反對別人之指責，却正招認僧尼奢侈浪費之事實。其六謂財枯民窮，乃由於時勢業命，無關僧尼。年歲治亂與業緣可促成枯榮貧富，固屬不錯，然以命運爲枯榮貧富之因素，則是妄談。當然，古時之人多信命運之說，以命運爲辭而言財枯民窮，或可取信於人，然却與理難通。苟一切皆由命定，修道將亦無益，又何須信佛？於修道信佛處不言命定，而獨將當時之財枯民窮歸諸命運，其不可明矣。又年歲治亂與業緣等雖爲財枯民窮之原因，然財枯民窮之原因甚多，僧尼之奢侈浪費豈非原因之一？且佛教發達，出家者衆，僧尼奢侈浪費，亦是整個年歲治亂與業緣中之一部份，自與財枯民窮有相當關係，而必謂其無關，是強辯也。

第二節　勞役與兵役

出家人不貫名籍，既可不納賦稅，亦可不服勞役與兵役，因而人們爭相出家。出家者衆，不守俗世禮法，不盡俗世義務，自必於國家政治有所妨礙。故晉時桓玄卽以執政者之立場指斥此種情形云：

> 避役鍾於百里，逋逃盈於寺廟，乃至一縣數千，猥成屯落，邑聚遊食之羣，境積不羈之衆，其所以傷治害政……（註五八）。

出家人既在求避役，則非堅信佛理，立志修道。雖不能一概而論，然若此者必不在少數，故俗人每加指斥。如荀濟於上梁武帝書中云：

> 僧出寒微，規免租役，無期詣道（註五九）。

元魏陽衒之亦曾上書云：

> 逃役之流，僕隷之類，避苦就樂，非修道者（註六〇）。

隋時亦有人指責出家人，以爲彼等「主守塔坊，所以蠲其俗役」（註六一）。出家人動機既不純正，其出家乃在避役，而非爲修道，則出家者非如向之佛徒所言，爲一種高尚事業。乃因彼等以出家避役，卽等於以出家求俗世之利，實非棄俗求道。故三破論中指責之云：

> 出家者，未見君子，皆是避役（註六二）。

出家人不服勞役兵役，而人皆爭相出家，以求避役，以至於影響國家政治，因而俗人除加以指責之外，且要求出家人返俗，貫其名籍，以便分擔勞役與兵役。如北周武帝之廢佛，卽以使出家人返俗服役爲理由之一（註六三）。其他如陳僕射領軍徐氏云：

是僧尼之類，不書名籍之者，並令捐茲淨戒，就此黎民，去彼伽藍，歸其里閈（註六四）。

唐太史令傅奕亦云：

僧尼六十已下，簡使作民，則兵彊人衆（註六五）。

均是要求出家之人返俗服役。

佛教徒對俗人加諸出家人之指責，及要求返俗服役之言論與措施，亦屢作申辯與答覆。舉其要者言之，其一謂佛徒出家，乃自求解脫，拯救蒼生，而非爲避役，並無不純正之動機。如梁釋僧順云：

……解脫天羅，消散地網；兆百福於未萌，濟蒼生於萬劫。斯實大丈夫之宏圖，……避世之談是何言歟（註六六）？

其二謂應聽其出家修道，以全其志。如晉釋支遁與桓太尉論州符求沙門名籍書云：

伏願明公扇唐風於上位，待白足於其下，使懷道獲濟，有志俱全（註六七）。

其三謂出家之人，節食吃素，體力羸弱，不堪服役。且修仁慈，戒殺生，對昆蟲猶不傷害，尤不宜於當兵作戰。而道士與此相反，服役當兵最爲適宜。故道士應服兵役，而僧徒則應免除。如唐釋明槩云：

僧之類，禀如來之教，食唯米麵之素，供唯芋蒻之質，體瘠力羸，心虛氣弱，不折生草，詎踐昆蟲，習忍修慈，好生惡殺，對敵多怯，下手必疑，徒勞行陣，無益兵勢也。如論道士，人足數萬，祭三事五，受禁行符，章奏必宰，鷄肫祭醮，要求酒脯，饕膾醑醪，資其醉飽，體肥力壯，心勇氣強，容忍無親，惡生好殺，臨陣必勇，下手不疑，列以軍伍，決強兵勢（註六八）。

其四謂釋迦本爲太子，僧侶信佛，乃是王種，故不服兵役。道士出身微賤，服兵役乃理所當然。如周甄鸞云：

道人不兵租者，以本王種，故免也。道士庶賤，兵租是常（註六九）。

其五謂服兵役者，僅是庸民。欲對國家有所貢獻，途徑甚多，未必服役始爲忠臣。是以爲出家人信佛修道，度人救世，其貢獻較諸服役之庸民爲尤大也。如周王明廣上書周武帝云：

忠臣孝子，義有多途，何必躬耕，租丁爲上？……租丁奉上，忝是庸民（註七〇）。

其六謂治國爲政當重道德，而不當重武力，崇尚武力者終歸敗亡，故不可強迫出家人服役當兵。如周武帝廢佛之後，自云：「兵師日盛，東平齊國，西之妖戎，國宴民樂，豈非有益」？任道林即辯之曰：

自國立政，唯貴於道；制化萬民，寧高於德？止見道消國喪，未有兵強祚久……周武修德，福集皇基；夫差驕戰，遂至滅身；勾踐以道，危而更安（註七一）。

其七謂雖有出家之名，而迹仍類俗，不能嚴守戒律，修身行道者，可以沙汰，令其服役。至若眞心信佛，行有功德者，則當循往例，不責令服役。如晉桓玄指責出家之人多避役遊食，傷治害政之徒，而欲加沙汰，釋慧遠卽云：

令飾僞取容者，自絕於假通之路，信道懷眞者，無復負俗之嫌。如此則道世交興，三寶復隆於茲矣（註七二）。

陳釋眞觀之意見與此大致相同，如其於答僕射領軍徐氏云：

僧尼若已離法衣，無過道業，或常居邸肆，恒處田園，並依民例，宜從策使。如其禪誦知解，蔬素淸虛，或宣唱有功，梵聲可錄；或繕修塔廟，建造經書，救濟在心，聽習爲務（註七三）。

唐太史令傅奕奏請勒令僧人返俗服役，釋法林出而辯論，亦主張「請有罪者，依法苦治，無過者爲國行道」（註七四）。至若僧中之老邁病弱之屬，卽令返俗，亦不堪服役，故陳釋眞觀主張仍聽其爲僧，而云：

乃至羸老之屬，貧病之流，幸於編戶，無所堪用，並許停寺，仍上僧籍（註七五）。

出家之人不服勞役與兵役，其本身不盡國民應盡之義務，亦相對加重俗人之義務，俗人出而指責，乃理所應當。而佛徒之辯論答覆，其第一項謂出家非爲避役。乃辨明彼等出家之動機，非如俗人所指責者，全不純正。吾人以爲終算彼等出家之動機確無不純正之處，仍不足以使俗人無可指責。乃以俗人所斥責者，一方面係指出家人之出家動機，一方面亦指出家人之出家事實。且以出家事實爲重點。蓋不管出家人之出家動機如何，彼等出家乃是確切之事實，旣出家不貫名籍，而不服勞役兵役，有虧於國民應盡之義務，亦有損於俗人之利益，俗人焉能不痛加指斥？謂出家人出家之動機頗不純正，乃爲指責其出家之事實而尋出之理由，非重點所在。故佛徒以出家人出家之動機並無不純正處作答，俗人未必承認，且尙不論，卽予承認，亦僅能減少指責之理由，不能使之無可指責。俗人指責出家人，意在希望彼等不再出家，與俗人同服勞役兵役，以減輕俗人之負擔。苟出家之事實一日存在，俗人之負擔卽一日不得減輕，勢必對出家人有所指責。其第二項謂應聽出家之人出家修道，以全其志。苟出家之人出家修道，於他人絕無妨礙，自應全其志，而不可有任何之干涉或指責。然而事實並非如此，出家人出家修道，雖表面觀之，不與人爭權奪利，於人無礙，實則其於人之妨礙大矣。蓋其出家修道，仍須賴俗世以生活，受俗世之供養與保護，對俗世仍有所取，可謂仍享俗世之權利，但却不服勞役兵役，不盡俗世之義務。權利與義務相關，出家人之權利義務又與俗人之權利義務相關。如此，則是出家人分享俗人之權利，使俗人之權利相對減少，不分擔俗人之義務，使俗人之義務相對增加，俗人自當予以指責。而要求聽其出家以全其志，從權利義務觀點言之，實等於要求准其單享權利而不盡義務，其不合理明矣。其第三項謂出家之人，節食吃素，體力羸弱，仁慈戒殺，不宜服役當兵。宗敎信仰應當自由，節食吃素，仁慈戒殺，皆出於信佛守戒，自不當干涉。且儉與慈皆屬道德，宜予鼓勵，若的確因此而不宜服役當兵，依理似應免之。然出家人中，由於節食吃素，致體弱力衰者固然有之，而由於修養有道，致身廣體胖，或由於鍛鍊有素，致體強力壯者，亦大有人在。衰弱可作爲不服役當兵之理由，而強壯則絕對不可；卽衰弱者亦須經體格檢查，證明其確實不堪者始可免之，不能一概而論，尤其不能以部份衰弱不堪者代表出家人之全體，而主張所有出家人皆不宜服役當兵，猶俗人中少數衰弱者不能代表俗人之全體，謂俗人皆不宜服役當兵者然。尤有進者，體力衰弱若係出於不可抵抗之外力，如天賦、疾病或貧窮等，自屬無可奈何。若係出於有意，致不堪服役當兵，亦應視爲逃役，當予制裁，卽由於宗敎信仰之故者，亦不例外。蓋宗敎不可違背善良風俗，妨害社會政治，應爲一不移之原則。由於信仰佛敎而致衰弱，至於不堪服役當兵，卽是違背善良風俗，妨害社會政治，必須予以糾正。其第四、五、六項，與答辯不納賦稅者同，前曾論之，茲不復述。其第七項謂出家人中，不能嚴守戒律，修身行道者，當予沙汰，令其服役；其篤信守戒，行有功德者，以及老邁病弱之屬，則應免之。不能嚴守戒律以修身行道者，乃是假出家，假出家卽非出家，與俗人無異，令其服役當兵本無問題。至於老邁病弱者，既不堪服役，自應免之，卽俗人亦係如此。其問題卽在於所謂篤信守戒，行有功德之眞正出家人。實則向來僧俗間應否服役之爭論，本卽以眞正出家而合服役條件之人爲題。俗人要求眞正出家人服役當兵，佛徒以假出家人可令服役當兵爲對，似已讓步，實則並未讓步，蓋假出家人同於俗人，本當服役，俗人不必要求，而眞正出家人當服役者，佛徒仍主張其不服役故也。不過此乃純粹依理言之，若就其時之事實而言，確有許多假出家人，以出家之名，不服勞役兵役，俗人要求出家人服役當兵，此等假出家人自亦包括在內，晉之桓玄沙汰僧尼之目的，亦在使假出家人服役當兵，而佛徒以爲假出家人可令服役當兵，亦確可增加服役當兵之人數，使俗人服役當兵之負擔爲之減輕。

第三節　強弱與治亂

俗人爲反對佛教，乃謂佛教之流行，致國家弱而亂，佛教徒則起而反駁，謂弱亂無關佛教，佛教可致國家於治強。因而彼此就此一問題反覆爭論。如晉時釋道恒所設東教君子指責佛教有損治道，又設慠散野人予以反駁；齊道士假張融作三破論指責佛教破國，梁釋僧順予以反駁；梁荀濟指佛教徒破壞政治，分君主之尊榮功德，梁武帝欲加殺戮；北周衞元嵩指佛教亡梁，周武帝指佛教無益治道，王明廣與甄鸞謂國亡無關佛教，任道林謂佛教有益治道；唐傅奕指佛教於國家社會有害無益，敗壞風俗，陰謀叛逆，而有釋法琳、釋明槩、李師政等予以反駁。而綜觀彼等前後之爭論，俗道指責佛教致國家弱亂，其要點有三。一爲籠統指責佛教對國家政治與社會風化有害無益。如晉有東京東教君子斥佛教云：

此皆無益於時政，有損於治道，是執法者所深疾，有國者所大患（註七六）。

唐傅奕云：

佛來漢地，有損無益，入家破家，入國破國（註七七）。

此外，如三破論中謂佛教「入家破家，入國破國」。北周武帝廢佛，謂「決知非益，所以除之」（註七八）。均係籠統指斥佛教於國家政治以及社會風俗有害無益。

二爲指佛教未傳入之前，歷朝國祚久長，政治修明，風氣淳厚，而佛教傳入之後，則與前相反，並舉具體事例以爲證明。如北周魏元嵩上書周武帝，主張滅佛，而云：

唐虞無佛圖而國安，齊梁有寺舍而祚失者，未合道也（註七九）。

唐傅奕云：

帝王無佛則大治年長，有佛則政虐祚短（註八〇）。

未有佛前，人民淳和，世無篡逆者（註八一）。

庖羲以下二十九代，文子君臣，立忠立孝，守道履德，生長神州，得華夏正氣，人皆淳朴，以世無佛故也（註八二）。

另有人云：

且天皇地皇之世，無佛而祚延，後趙後魏已來，有僧而運促（註八三）。

三爲指佛教徒僭權謀叛。如梁荀濟於上梁武帝書中，即指佛僧「傾奪朝權」。依濟所指，佛僧之一切作爲幾乎皆在僭權謀叛，「凡有十等」：

一曰營繕廣廈，僭擬皇居也。二曰興建大室，莊飾胡像，僭比明堂宗祀也。三曰廣譯妖言，勸行流布，轢帝王之詔勑也。四曰交納泉布，賣天堂五福之虛果，奪大君之德賞也。五曰豫徵收贖，免地獄六極之謬殃，奪人主之刑罪也。六曰自稱三寶，假託四依，坐傲君王，此取威之術也。七曰多建寺像，廣度僧尼，此定霸之基也。八曰三長六紀，四大法集，此別行正朔，密行徵發也。九曰設樂以誘愚小，俳優以招遠會，陳佛土安樂，斥王化危苦，此變俗移風，徵租稅也。十曰法席聚會，邪謀變通，稱意贈金，毀破遭謗，此呂尚之六韜密策也（註八四）。

如荀濟所述，整個佛教，乃一陰謀奪權叛亂之組織，其一切設施，皆爲遂其奪權叛亂之陰謀。唐傅奕云：

寺饒僧衆，妖孽必作。如後趙沙門張光，後燕沙門法長，南涼道密，魏孝文時法秀，太和時惠仰等，並皆反亂者。

又云：

況今大唐僧尼二十萬衆，共結胡法，足得人心，寧可不備預之哉（註八五）？

亦指佛徒衆多，且有共同信仰與組織，必僭權謀叛，趙燕等已有其例，故不可不愼爲之防也。

佛教徒之答辯，關於第一點，是籠統說明佛教對國家政治與社會風化有益無害。如晉釋道恒，以爲佛教不同於六經刑法律令，雖無近功，却有遠益，對國家社會貢獻莫大，實非周孔老莊之教可比，因而假慠散野人曰：

沙門在世，誠無目前考課之功，名教之外，實有冥益。近取五戒訓物，非六經之疇；遠以八難幽險，非刑法之匹；請三藏銓罪，非律令之流；暢以般若辯惑，非老莊之謂。……周孔之教，理盡形器，至法之極，兼練神明，……昔孛助化，以道佐治，國境晏然，民知其義，年豐委積，物無疵厲，非益謂何（註八六）？

唐釋法琳亦謂佛教教人行善去惡，大益於國家政治與社會教化，而云：

教人捨惡行善，佛法最先，益國利民，無能及者（註八七）。

又云：

夫行一善則去一惡，去一惡則息一刑；一刑息於家，則萬刑息於國。故知五戒十善，爲正治之本矣（註八八）。

關於第二點，是謂佛教與歷代之虐亂敗亡短祚無關，佛教未傳入之前，亂亡早已有之，而佛教傳入之後，反多興隆治世，足證佛教有益於國家政治與社會教化。如北周甄鸞云：

……漢明已前，佛法未行，道氣隆盛，何乃兵戈屢作，水旱相尋，雨血山崩，飢荒荐集？更有桀紂，炮烙生靈？自明帝後，佛法行來，五百餘年，寧有妖災虐政甚於前者（註八九）？

王明廣云：

若使齊梁坐興佛法，國祚不隆，唐虞豈爲業於僧坊，皇宗絕嗣，人飢菜色（註九〇）？

桀紂失國，殷士歸周，亡國破家，不由佛法（註九一）。

其以爲歷代政治敗壞，國破家亡，與佛法無關，而是另有原因。其原因一爲曆數有窮，二爲政治措施失當。以齊爲例言之：

齊君失國有兩義，不由佛法。一則曆數有窮，開闢已來，天下未見不亡之國。二則寵罰失忠，君子惡居下流，是以歸周，不由佛法（註九二）。

唐釋法琳亦云：

按堯舜獨治，不及子孫，夏殷周秦，王政數改，蕭牆內起，逆亂相尋，爾時無佛，何因運短（註九三）？

自魏皇初元年，至蕭齊之末，凡二百八十二歲，拓跋元魏一十七君，合一百七十九年，爾時佛來，何故年久（註九四）？

此外尚舉述許多歷史實例，以言佛教未傳入之前，政治暴亂，教化敗壞，國祚短促者甚多，而證佛教無害於國家政治與社會教化；舉述許多歷史實例，以言佛教傳入之後，政治清明，教化淳厚，國祚長久者甚多，而證佛教有益於國家政治與社會教化（註九五）。

其他，如梁之釋僧順，唐之釋明槩、李師政等，對此問題均有答辯，大意略同（註九六），故無須列述。

關於第三點，唐之釋法琳承認僧侶曾有叛亂情事，然以爲自古以來，俗人與道士中叛亂者尤多，不當獨責僧侶，而云：

……按前後漢書，卽有昆陽常山青泥綠林，黑山白馬、黃巾、赤眉等數十羣賊，並是俗人，不關釋子。……後漢書云：沛人道士張魯，……掩殺漢中太守蘇固，斷絕斜谷，殺漢使者，……又殺張修，……與張角等相應合，……賊害天下，……孫恩習仙而敗晉，道育醮祭，因而禍宋，于吉行禁，殆以危吳，……然吳魏已下，晉宋以來，道俗爲妖，數亦不少，何以獨引衆僧，不論儒道二教（註九七）？

李師政對昔日僧侶叛亂之說，亦表示承認，然而以爲不當因曾有少數僧侶叛亂而懷疑當今一切僧侶。且僧侶叛亂者，乃因其生性不善，尚未遷改，非關佛教。此外並舉述許多理由，以明僧侶不易叛亂。其云：

……若以昔有反僧而廢今之法衆，豈得以古有叛臣而棄今之多士？隣有逆兒而逐已之孝子？昔有亂民而不養今之黎庶乎？夫普天之下，出家之衆，非雲集於一邑，實星分於九土，攝之以州縣，限之以關河，無徵發之威權，有憲章之禁約，縱令五三凶險，一二闡提，既無緣以烏合，亦何憂於蟻聚？且又沙門入道，豈懷亡命之謀？女子出家寧求帶鉀之用？何乃混計僧尼之數，雷同梟獍之黨？……夫青衿有罪，非關尼父之失；皀服爲非，豈是釋尊之咎？僧干朝憲，尼犯俗刑……但以人稟頑嚚之性，而不遷於善，非是經開逆亂之源，而令染於惡。人不皆賢，法實盡善，……（註九八）。

就第一點言，俗人籠統指責佛教對國家政治與社會教化有害無益，乃由以上各章及本章以上各節所述其指責佛教及出家人之不孝父母、不敬君主、剝削浪費、不生產納稅，不服勞役兵役等所導出之結論。若將此所謂籠統之指責與以上所述諸項指責連接觀之，此所謂籠統之指責實則並不籠統。以上所述諸項指責，吾人均曾予以討論，以爲所舉理由或有不妥，然其指責要旨並無不當，蓋依上述所指責之項目而言，佛敎確實有害。由此自可導出佛敎有害之結論。不過不能導出佛敎無益之結論，乃因有害者未必絕對無益，從某方面觀之爲有害，從另方面觀之又可能有益。俗道反對佛敎，自然只指責佛敎之害，而不稱述佛敎之益；而佛敎雖有害，亦確有其益，此卽爲佛敎徒反駁時所言，佛敎可敎化世人，使人行善去惡，對國家社會有莫大之幫助。不過佛敎徒亦僅可依此而謂佛敎有益，而不可依此而謂佛敎無害，猶俗人僅可謂佛敎有害而不可謂佛敎無益者然。就第二點言，俗人謂佛敎未傳入之前，歷代國祚久長，政治修明，風俗淳厚，佛敎傳入之後，則與前相反，並舉實例爲證。俗道如此指責佛敎，實將佛敎視爲一種不詳之物，如同妖魔，一入中國，中國卽遭厄運。如此立說，勢難令人折服。又舉實例爲證，乃是列舉之法，而採用列舉之法，須將有關事實完全列舉無遺，始可據以成立判斷。然俗道所列舉者，僅少數與彼等有利之事例，並未將所有事實完全列舉，自不足作爲證明。至於佛徒之反駁，雖亦採列舉之法，然足可證俗人指責之非。蓋佛徒乃以列舉對列舉，不是以列舉立論，而是以列舉破人之論。俗道之論是以列舉之法所立，則佛徒只須列舉一件與俗道所舉相反之事實，卽可攻破其所立之論。故佛徒以列舉之法，舉出未有佛前之衰世亂政，以證明世衰政亂不關佛敎，當無問題。然佛徒猶進而以列舉之法，舉出有佛後之盛世，以證國祚久長，政治修明，風俗淳厚，乃佛敎之功，則與俗人以列舉之法，舉出事例，以指責佛敎害政敗俗，同屬不可。就第三點言，俗人謂僧侶僭權謀叛，並舉往昔之叛僧以爲證明。昔有叛僧，乃屬事實，卽佛徒亦不能否認，加以僧侶人數衆多，具有同一信仰，且每於寺塔所在聚集成羣，確易令人有所猜忌。然而事實上，叛僧雖有之，却仍不可汎指僧徒僭權謀叛，誠如佛徒所云，俗人與道徒僭權謀叛者亦大有人在，不當以昔有叛僧而責今之法衆。且佛教之目標在來生來世，於俗世無所企求，僧徒雖衆，却並無組織，加以國家律令之約束，實不易有僭權謀叛之意圖與行動，少數僭權謀叛之僧侶，因稟性頑劣，未由佛教感化而遷於善也，大多數僧徒當不至於僭權謀叛。俗人謂其僭權謀叛，乃由於不瞭解而起之猜忌也。

第五章附註

註一　晉釋道恒，釋駁論幷序引，弘明集卷六。
註二　梁劉勰，滅惑論引，弘明集卷八。
註三　唐釋道宣，叙列代王臣滯惑解下，廣弘明集卷七。
註四　唐釋法琳，辯正論幷序，九箴篇引，廣弘明集卷一四。
註五　唐釋明槩，決對傅奕廢佛僧事幷表引，廣弘明集卷一二。
註六　同註一。
註七　同註三。
註八　決對傅奕廢佛僧事幷表。
註九　唐釋道宣，叙王明廣請興佛法事，廣弘明集卷十。
註十　同上。
註十一　同註八。
註十二　九箴篇。

註十三　同上。

註十四　孟子滕文公上。

註十五　墨子貴義篇。

註十六　同註三。

註十七　陳釋眞觀，與徐僕射領軍述役僧書引，廣弘明集卷二七。

註十八　北齊顏之推，家訓歸心篇引，廣弘明集卷三。

註十九　唐釋道宣，叙任道林辨周武帝除佛法詔，廣弘明集卷十。

註二十　與徐僕射領軍述役僧書。

註二十一　家訓歸心篇，廣弘明集卷三。

註二十二　同註十九。

註二十三　笑道論，廣弘明集卷九。

註二十四　同註一。

註二十五　隋釋彥琮，通極論引，廣弘明集卷四，亦載淸嚴可均輯全隋文卷三三。

註二十六　同註二。

註二十七　正誣論引，弘明集卷一。

註二十八　唐釋道宣，叙列代王臣滯惑解上，廣弘明集卷六。

註二十九　唐李師政，內德篇，廣弘明集卷一五。

註三　十　同註五。

註三十一　同註一。

註三十二　同註二十七。

註三十三　同註三。

註三十四　同上。

註三十五　顏之推，家訓歸心篇引，廣弘明集卷三。

註三十六　唐釋道宣，叙釋慧遠抗周武帝廢佛教事引，廣弘明集卷十。

註三十七　同註二十五。

註三十八　同註五。

註三十九　釋法琳，對傅奕廢佛僧事幷啓引，廣弘明集卷一一。

註四　十　同註一。

註四十一　與僚屬沙汰僧衆教，弘明集卷一二。

註四十二　同註二。

註四十三　同註三。

註四十四　同註五。

註四十五　釋駁論幷序。

註四十六　同上。

註四十七　對傳奕廢佛僧事幷啓。

註四十八　劉勰，滅惑論。

註四十九　正誣論。

註五　十　同註九。

註五十一　同註三十六。

註五十二　決對傅奕廢佛僧事幷表。

註五十三　同上。

註五十四　同註三。

註五十五　滅惑論。

註五十六　同註九。

註五十七　同註五十二。

註五十八　同註四十一。

註五十九　釋道宣，叙列代王臣滯惑解下引。

註六　十　釋道宣，叙列代王臣滯惑解上引。

註六十一　隋釋彥琮，福田論引，廣弘明集卷二八，亦載全隋文卷三三。

註六十二　梁釋僧順，釋三破論引，弘明集卷八，亦載全梁文卷七四。

註六十三　同註十九。

註六十四　同註十七。

註六十五　同註三十九。
註六十六　釋三破論。
註六十七　弘明集卷一二。
註六十八　同註八。
註六十九　同註二十三。
註七　十　同註九。
註七十一　同註十九。
註七十二　與桓太尉料簡沙門書，弘明集卷一二。
註七十三　同註二十。
註七十四　同註四十七。
註七十五　同註二十。
註七十六　同註一。
註七十七　同註三十九。
註七十八　同註十九。
註七十九　同註三。
註八　十　同註三十九。
註八十一　同上。

註八十二　同上。
註八十三　同註四。
註八十四　同註三。
註八十五　均同註三十九。
註八十六　釋駁論幷序。
註八十七　同註四十七。
註八十八　九箴篇。
註八十九　同註二十三。
註九　十　同註九。
註九十一　同上。
註九十二　同上。
註九十三　同註四十七。
註九十四　同上。
註九十五　同上。
註九十六　釋三破論，决對傳奕廢佛僧事幷啓，內德篇。
註九十七　同註四十七。
註九十八　同註二十九。

第六章　歷朝之毀教

晉南北朝隋唐期間，佛道發達，俗佛道之間迭起爭論。而北魏、北周與唐三代，均有毀教之事，此雖帝王以其威勢迫害宗教，屬政教間之衝突，然而亦可視為俗佛道間由理論之爭而訴諸武力，其結果自然擁有武力者獲勝，失敗者則遭毀滅之厄運。

第一節　毀教之始末

於該文所涉及之各朝之中，毀教者，有北魏世祖太武帝之滅佛，北周高祖武帝之佛道並滅，以及唐武宗之滅佛。茲分別述其始末於左：

一、**北魏太武帝之滅佛**：太武帝本「歸宗佛法，敬重沙門」，於沙門惠始，尤甚敬重。然而「未存覽經教，深求緣報之意」。及得道士寇謙之清靜仙化之道，遂信行其術。又司徒崔浩亦奉謙之之道，常以說帝，益堅其信道拒佛之意（註一）。蓋帝「卽位時，年八歲，尙在幼冲，資政所由，唯恃台輔。時司徒崔浩，尤不信佛，帝訪國事，每以為懷，言佛法虛誕，為俗費害，黃老仙道，可以存心。浩既雅信仙道，授帝老經，隨言信中，曾無思擇」（註二）。其時佛教隆盛，沙門衆多，乃於太延四年春三月癸未，詔罷沙門年五十以下（註三）。至太平眞君三年正月甲申，「帝至道壇，親受符籙」，乃成爲正式之道教徒（註四）。旋以蓋吳反於杏城，關中大亂，帝乃西向親伐。既至長安，有沙門種麥寺內，「御騶牧馬於麥中，帝入觀馬，從官入僧寺，見有弓矢矛楯，出以奏聞。帝怒曰：『此非沙門所用，當與蓋吳通謀，規害人命耳』。命有司案誅一寺。閱其財產，大得釀酒具，及州郡牧守富人所寄藏物，蓋以萬計。又爲屈室，與貴室女私行淫亂。帝既忿沙門非法，浩時從行，因進其說，詔誅長安沙門，焚破佛像，勑留台下，四方令一依長安行事」（註五）。至於太平眞君五年正月戊申詔曰：「愚民無識，信惑妖邪，私養師巫，挾藏讖記、陰陽圖緯、方伎之書。又沙門之徒，假西戎虛誕，生致妖孽，非所以壹齊政化，布淳德於天下也。自王公以下至於庶人，有私養沙門師巫及金銀工巧之人在其家者，皆譴官曹，不得容匿，限今年二月十五日，過期不出，巫師沙門身死，主人門誅。明相宣告，咸使周知」（註六）。時恭宗爲太子監國，素信佛法，數上表請勿滅佛，帝不許，並詔責佛教與世道政教有害無益（註七）。至太平眞君七年三月，「詔諸州坑沙門，毀諸佛像，徙長安城工巧二千家於京師」（註八）。

二、北周高祖武帝之佛道並滅：武帝對宗教神秘之事，本不甚關懷。「雖以累代受籙，頗信玄宗，然爲人雄略蓋世，初不屑注意於此」（註九）。又「俗有讖記之傳，……周祖已前，有忌黑者，云有黑人，次膺天位。……周太祖初承俗讖，『我名黑泰，可以當之』。既入關中，改爲黑皀，朝野章服，咸悉同之。令僧衣黃，以從讖緯」。而「武帝雄略，初不齒之」（註一〇）。然「高祖方行禪代之事，欲以符命曜于天下。道士張賓，揣知上意，自云玄相洞曉星歷，因盛言有代謝之徵；又稱上儀表非凡，非人臣之相。由是大被知遇。及受禪之初，擢賓爲華州刺史」（註一一）。後賓益見信，乃「譎詐罔上，私達其黨，以黑釋爲國忌，以黃老爲國祥。帝納其言，信道輕佛，親受符籙，躬服衣冠」（註一二）。「又有魏元嵩者，亦好言將來之事」（註一三）。嵩「少出家爲亡名法師弟子，聰穎不偶。……名曰：汝欲名聲，若不佯狂，不可得也。嵩心然之，遂佯狂漫走」，游上京，「乃著俗服，防者執之」，以計得見于長公，「與之交游，貴勝名士，靡所不詣」（註一四）。「天和中著詩，預論周隋廢興，及皇家受命，並有徵驗」（註一五）。「天和二年上書，略云：唐虞無佛圖而國安，齊梁有寺舍而祚失者，未合道也。……而大周啓運，繼曆膺圖，……豈不慕唐虞之勝風，遺齊梁之末法」（註一六）？而主張滅佛。帝乃問實禪師云：「私問後運，是誰應得？實曰：非僧所知。帝曰；如讖所傳云，黑者應得，僧多衣黑，竊有所疑。實曰：僧但一身，誰所扶翼？決非僧也。帝曰：僧非得者，黑者是誰？實曰：至尊大人，保信浪語，外相若聞，豈言至聖？黑者大有，老烏亦黑，大豆亦黑，如是非一，可亦得耶？帝聞有姓烏姓竇者，假過誅之」（註一七）。武帝既信張賓，又納元嵩之言，賓與元嵩，密加鼓扇，帝逐堅信不疑，决心滅佛。「至天和四年，歲在已丑，三月十五日，勑召有德衆僧，名儒道士，文武百官，二千餘人，帝御正殿，量述三教，……時議者紛紜，情見乖各，不定而散。至七月二十日，依前集論，是非更廣，莫簡帝心。帝曰：儒教道教，此國常遵，佛教後來，朕意不立，僉議如何？時議者陳理無由除削。帝曰：三教被俗，義不可俱至。四月初，更依前集，必須極言陳理，無得面從。又勑司隸大夫甄鸞，詳度佛道二教，定其淺深，辨其眞僞。天和五年，鸞乃上笑道論三卷，……五月十日，帝大集羣臣，詳讞上論，以爲傷蠹道法，帝躬受之，不愜，本圖卽於殿庭焚蕩。時道安法師又上二教論，……帝覽論，以問朝宰無有抗者，於是遂寢」（註一八）。建德二年「十二月癸巳，集羣臣及沙門道士等，帝升高座，辨釋三教先後，以儒教爲先，道教爲次，佛教爲後」（註一九）。「至建德三年，歲在甲午，五月十七日，勅斷佛道兩教，沙門道士，並令還俗，三寶福財，散給臣下，寺觀塔廟，賜給王公。……時衛王不忍其事，直入宮燒乾化門，攻帝不下，退至虎牢，捉獲入京，父子十二人幷同謀者並誅」（註二〇）。武帝本欲留道滅佛，然集議之結果，「僉議攸同，咸遵釋教」，萬不得已，乃二教俱廢，然「未逾經月」，又下詔復道法，「並選擇李門人有名當世者，著衣冠笏履，名通道觀學士」（註二一）。

三、唐武宗之滅佛：唐代帝王皆信道教（武則天除外），武宗信仰尤篤，且寵信道士趙歸眞，開成（文宗年號）五年秋，「召道士趙歸眞等八十一人入禁中，於三殿修金籙道場，帝幸三殿於九天壇，親受法籙。右拾遺王哲上書言：王業之初，不宜崇信過當，書奏不省」。會昌四年三月，又「以道士趙歸眞爲左右街道門教授先生。時帝志學神仙，歸眞乘寵，每對，排毀釋氏，言非中國之教，蠹耗生靈，宜盡除去。帝頗信之」。會昌五年春正月己酉朔，「勅造望僊台於南郊。時道士趙歸眞特承恩禮」。諫官睹其情，恐帝爲歸眞所惑，乃上書指論，而「帝謂宰臣曰：諫官論趙歸眞，此意要卿等知朕宮中無事，屏去聲技，但要此人道活耳。李德裕對曰：不敢言前代得失，只緣歸眞於敬宗朝出入宮掖，以此人情不願，陛下復親近之。帝曰：我爾時已識此道人，不知名歸眞，只呼趙練師，在敬宗時亦無甚過，我與之言，滌煩爾，至於軍國政事，唯卿等與次對，官論何須問道士？非直一歸眞，百歸眞亦不能相惑」。「歸眞自以涉物論」，乃逢迎帝意，更謀取信之道，「遂擧羅浮道士鄧元起有長年之術。帝遣使迎之。繇是與衡山道士劉玄靖及歸眞膠固，排毀釋氏，而拆寺之請行焉」。於是「秋七月庚子，勅併省天下佛寺。中書門下條疏聞奏，據令式諸上州國忌日，官吏行香於寺。其上州望各留寺一所，有列聖尊容，便令移入寺內。其下州寺並廢。其上都東都兩街，請留十寺，寺僧十人。勅曰：上州合留寺，工作精妙者留之，如破落，亦宜廢毀。其合行香日，官吏直入道觀。其上都下都，每街留寺兩所，寺留僧三十人。……中書又奏：天下廢寺，銅像鐘磬，委鹽鐵使鑄錢，其鐵像委本州鑄爲農器，金銀鍮石等像，銷付度支。衣冠庶士之家所有金銀銅鐵之像，勅出後，限一月納官，如違，委鹽鐵使依禁銅法處分。其土木石等像，合留寺內依舊。又奏僧尼不合隸祠部，請隸鴻臚寺。其大秦穆護等祠，釋教既已釐革，邪法不可獨存，其人並勤還俗，遞歸本貫，充稅戶；如外國人，送還本處收管」。至此，滅佛之空氣已經形成，準備已經充分，乃於八月出制，先明佛教於政教風俗有害無益，繼明滅佛決心，而申滅佛之令曰：「朕博覽前言，旁求輿議，弊之可革，斷在不疑，而中外誠臣，協予至意，條疏至當，宜在必行，懲千古之蠹源，成百王之典法，濟人利衆，如何讓焉？其天下所拆佛寺四千六百餘所，還俗僧尼二十六萬五百人，收充兩稅戶。拆招提蘭若四萬所，收膏腴上田數千萬頃，收奴婢爲兩稅戶十五萬人。隸僧尼，屬主客，顯明外國二教，勒大秦穆護祆三千餘人還俗，不雜中華之風。於戲！前古未行，似得有待，及今盡去，豈謂無時？驅游惰不業之徒，已逾十萬，廢丹臒無用之室，何啻億千？……簡易齊政，成一俗之功，將使六合黔黎同歸皇化」。佛教旣滅，於善後問題亦有所處理，「十一月甲辰勅悲田養病坊，緣僧尼還俗，無人主持，恐殘疾無以取給，兩京量給寺田賑濟，諸州府七頃至十頃，各於本管，選耆壽一人勾當以充粥料」（註二二）。

第二節　毀教之檢討

上節已簡述歷朝毀教之始末。本節擬將歷朝毀教之原因及其後果，分別加以檢討。

一、毀教之原因：晉南北朝隋唐期間，佛道並行，而歷代毀教，主要在於滅佛。北周武帝雖佛道並滅，然亦要在滅佛，滅道乃由於不得已，初非出於本意，故隨而予以恢復。因而尊奉道教，寵信道士，當是歷朝毀教之共同原因。如北魏太武帝尊奉道教，寵信道士寇謙之，司徒崔浩亦奉謙之之道，常以說帝，乃堅其信道滅佛之意。北周高祖武帝，寵信道士張賓，親受符籙，聽其黑忌黃祥之說，加以逃佛返俗之魏元嵩大力鼓煽，乃有滅佛之舉，雖以辯論之中，僧徒於理不屈，輿論祖護佛教，不得不佛道並毀，然未逾月又下詔恢復道教。唐武宗承唐代傳統，本信道教，更寵信道士趙歸眞等，任彼爲官，聽彼鼓煽，以致滅佛。佛道並行，各謀生存發展，以至相爭，而於二者相爭之中，能得帝王之助者，自佔上風，易於獲勝。於是道士乃設法取信於帝王，指斥佛教，危言鼓煽，使帝王以統治者之權勢毀滅佛教。然而帝王之中，有信道教者，有信佛教者，亦有佛道並信者，何以道士能鼓煽帝王滅佛，而佛徒不能鼓煽帝王滅道？究其所以，迨有二因。其一、如第一章所述，道教出世態度不如佛教之澈底，佛教完全不涉政治，道教則對政治相當關懷，故道士之中頗多熱中權勢而至於位居高官者，而僧侶之中則極爲罕見。以此，道士易循政治途徑，接近帝王，利用帝王政治上之權勢以打擊佛教，而僧侶則非如此也。其二、佛教來自印度，道教產自中土，而中國自古盛唱華夷之辨，佛教來自印度，乃是夷狄之教，唯道教則是華夏文化之產物，帝王信佛教已有捨華效夷之嫌，如再爲信佛而滅道，則違背華夷之辨尤爲明顯，捨華效夷之罪尤爲彰著，此乃任何人所不願亦所不敢者。而信道教之帝王滅佛存道，却正可以堂皇之華夷之辨爲其藉口，絕無違背聖教之嫌，其爲之自可無所顧慮也。

歷代毀教之另一理由，是爲財經問題。蓋佛道盛行，出家者衆。出家之人，不務生產，單事消費，於國計民生影響至大；加以無行之徒剝削聚斂，甚而至於國空民窮，由是而引起一般人之指責，已於第五章第一節中述之。而身爲帝王之人，負國家政教財經之總責，對此一問題，自然更爲關切。因而宋武帝曾出詔沙汰僧徒，北齊文帝曾出詔沙汰釋李，北周太祖有沙汰僧尼詔，唐高祖有出汰佛道詔。除宋武帝詔中未嘗明言外，率皆以財經問題爲主要理由之一。如北齊文帝謂：「乃有緇衣之衆，參半於平俗；黃服之徒，數過於正戶。所以國給爲此不充，王用因茲取乏」（註二三）。北周太祖欲「取地於塔廟之下，……寺地給民」（註二四）。唐高祖以爲佛道教義甚佳，而僧尼道士女冠之中，頗多斂財穢惡者，故應淘汰（註二五）。由歷朝淘汰出家之人率舉財經問題爲理由，可見出家之人所引起之財經問題，必甚嚴重，由此亦形成歷朝毀教之原因之一。北魏太武帝，於發現長安僧寺藏有弓矢矛楯時，雖甚憤怒，然亦不過「命有司案誅一寺」。及「閱其財產，大得釀酒具，及州郡牧守富人所寄贓物，蓋以萬計」，乃決滅佛之意。依此觀之，太祖滅佛之動機，一在懲處僧徒之聚斂，一在沒收佛寺財物以增加國家財富，或充實其一己之庫藏。要而言之，皆在於財政經濟。北周武帝之毀教，財經問題尤爲主要原因。蓋以武帝對財經問題特別重視，一方面重視生產，一方面亦重視節儉，故曾於建德四年正月壬申下勸農詔，又於建德六年十一月下減省六宮詔（註二六）。周武帝既如此重視財經問題，一面鼓勵農民生產，一面緊縮宮廷開支，以身作則，勵行節約，其對於不務耕織，單事消費，搜刮聚斂之出家人，自不能容忍，故謂「傾竭珍財，徒爲引費，故須除蕩」。加以衛元嵩上書，謂造立浮圖，傷人畜，損財命，主張令僧輸課，深中武帝之意，毀教之舉，乃意料中事耳。余嘉錫謂：「隋盧思道後周興亡論云：『高祖棄奢淫，去浮僞，施一德，布公道；屏重內之膳，躬大布之衣；始自六宮，被于九服，令行禁止，內外肅然。以釋氏立教，本貴淸靜，近世以來，糜費財力，下詔削除之，亦前王所未行也』（文苑精華七五一）。此言最得其實」（註二八）。信哉！唐武宗於會昌五年出制滅佛，謂：「僧徒日廣，佛寺日崇，勞人力於土木之功，奪人力於金寶之飾，……且一夫不田，有受其饑者；一婦不蠶，有受其寒者。今天下僧尼不可勝數，皆待農而食，待蠶而衣，寺宇招提，莫知紀極，皆雲構藻飾，僭擬宮居……」，爲防物力凋敝，杜絕浪費，增加生產，故毀滅佛教，勒令僧尼還俗。「還俗僧尼二十六萬五百人，收充兩稅戶，……收膏腴上田數千萬頃，收奴婢爲兩稅戶十五萬人……」（註二九），農地稅收亦因而增加。是亦以財經問題爲滅佛之主要原因之一。歷代沙汰出家之人及歷朝毀教，皆以財經問題爲一重要之原因，實由於財經問題確是最實在而與國計民生關係最爲密切者。蓋就個人而言，「謀道不謀食」之君子實屬罕有，而大多數人皆是「有恒產則有恒心，無恒產則無恒心」（註三〇）。雖至聖如孔子者，亦云：「吾豈匏瓜也哉，焉能繫而不食」（註三一）？就整個社會國家而言，爲政治國者，不僅不能不注意財經問題，且應該極爲重視，因政治應爲多數人着想，少數特出之士可能不計較物質生活，而一般常人則皆以物質生活爲重，爲政者爲顧及多數人之生活，自不能不重視財經問題。又爲維持政教，實行統治，皆須賴財經以爲支援，況帝王自身率多喜財貨愛聚斂乎？出家人單消費不生產，甚而奢侈浪費，剝削聚斂，既影響國計民生，又破壞帝王統治權之經濟基礎，且與帝王對財貨聚斂之愛好正相衝突，焉能不遭沙汰？如帝王對各教或某教本無好感，再加以有人鼓煽，其被毀滅亦必然矣。

出家人衆多，自必良莠不齊，部分不肖之徒，行爲不檢，至於爲非作惡，招惹反感，亦是歷朝毀教之原因之一。宋武帝、北齊文帝、北周太祖與唐高祖等沙汰出家人，卽以部分僧徒行爲不檢爲主要理由。如宋武帝沙汰僧徒詔中云：「沙門混雜，……加以姦心頻發，凶狀屢聞，敗道亂俗，人神交忿」（註三二）。北齊文帝之沙汰釋李，乃「欲擇其正道，蠲其左術」，使其「無惑羣品」（註三三）。周太祖沙汰僧尼，意在消除「寡德沙門」（註三四）。唐高祖沙汰佛道，是因僧尼道士女冠多背教旨，而斂財穢惡（註三五）。出家人行爲不檢，既成爲必須沙汰之原因，其爲帝王及俗人所不滿之程度可知，自亦可作爲毀教之理由。故北魏太武帝於太平眞君五年正月戊申詔曰：「沙門之徒，假西戎虛誕，生致妖孽……」（註三六）。而其滅佛，卽由於長安僧寺發現武器、女人及釀酒具等（註三七）。凡此，均可證明僧徒之行爲不檢。北周武帝之廢佛，是因僧徒「多衍陶化」（註三八）。唐武宗滅佛，亦指僧徒「蠹耗國風」，「壞法害人」（註三九）。教徒之行爲，與宗教之教義本非一事，當分別觀之，不可因部分教徒之行爲不檢而罪及整個宗教。然而事實上，宗教之教義必須透過教徒之行爲以發生作用，苟教徒之行爲不當，教義不獨難以發生其良好之作用，且將成爲教徒爲非作惡之掩飾，其因教徒行爲之不當而被毀，勢所難免。進而言之，所謂毀教者，其所毀不過教徒與寺廟而已，教義實無法毀滅。故毀教之事，亦不關教義本身，所關者僅教徒而已。

其他，以前各章所述出家人破壞倫理，破壞君臣關係，不服兵役勞役，以及佛教來自異邦等，與歷朝毀教當亦有或多或少之關係。而其時道教未有出家之制，對不拜君主亦未堅持，其於倫理與君臣關係之破壞不如佛教之嚴重，且道教產自中國，以老子爲教主，乃華夏所固有，歷代毀教單滅佛而不滅道，北周武帝初雖佛道並滅，然係出於不得已，而不久卽予恢復者，其原因或卽在此。

此外，北周武帝之毀教，雖佛道並滅，而意本在滅佛，據唐釋道宣所述，尙另有一項較爲特殊之原因。道宣云：「周祖以前有忌黑者，云有黑人當臨天位。……周太祖初承俗讖，『我名黑泰，可以當之』。既入關中，改爲黑皁，朝章野服，咸悉同之，令僧衣黃，以從讖諱。武帝雄略，初不齒之。張賓定覇，元嵩賦詩，重道疑佛，將行廢立。有實禪師者，釋門之望，帝亦欽重，私問後運是誰應得。實曰：『非僧所知』。帝曰：『如讖所傳，云黑者應得，僧多衣黑，竊有所疑』。實曰：『僧但一身，誰所扶翼？決非僧也』。帝曰：『僧非得者，黑者是誰？』實曰：『……黑者大有，老烏亦黑，大豆亦黑，如是非一，可亦得耶』？帝聞有姓烏姓竇者，假遇誅之。元其情本，疑意在釋，遂卽蕩除」（註四〇）。又云：「周高祖猜忌爲心，……信任讖諱，偏以爲心。自古相傳黑者得也，謂有黑相當得天下。……故周祖初重佛法，下禮沙門，並著黃衣，爲禁黑故。有道士張賓，譎詐罔上，私達其黨，以黑釋爲國忌，以黃老爲國祥。帝納其言……」（註四一）。是謂因周武帝信黑者當得天下之讖緯，而僧衣黑，故滅佛也。然周武帝滅佛之原因是否在此，頗有問題。蓋道宣之說，前後甚多矛盾之處。如先謂「武帝雄略，初不齒之」，又謂其「猜忌爲心」，「信任讖緯」。前後所述判若兩人。又如既謂周太祖承俗讖，以名黑泰而當運得天下，則周卽應尚黑，何爲以黑爲忌？且太祖已令僧衣黃，則僧非黑，武帝何爲忌之？又據余嘉錫考證，道宣所云周武帝誅姓烏姓竇者，亦非事實，故謂「知周武之廢佛教，……不關黑衣之讖也」（註四二）。不過苟其時確有黑者當得天下之讖，周武帝之滅佛卽可能受其影響。雖依道宣所述，前後甚多矛盾之處，然太祖與武帝信此讖緯，則當無疑。人之所信本非依照邏輯推論之結果，未必盡合邏輯而無矛盾，如此時人多佛道並信，卽係如此。而一般帝王之信佛信道者，未必對佛道之教理有深切之瞭解，其所信者，乃佛道之神秘部分，凡神秘事，皆易得彼等之信仰。讖緯亦屬神秘範圍，爲彼等所信，極爲自然。周太祖之應黑讖，令朝野衣黑，命僧衣黃，武帝之疑僧（雖改衣黃，然本衣黑），可謂均由於相信黑者得天下之讖。彼等既信黑讖，天下既得，恐又有黑者應讖而奪之，故命僧衣黃；僧既衣黃，然以其本來衣黑，仍不能無所猜疑。黑讖之念頭時時在作祟，無論如何無法完全排除，不滅佛心終不安，滅佛之舉由是起焉。當然，黑讖之說絕非周武帝滅佛之唯一原因，然其爲原因之一，恐難否認。

二、毀教之後果：歷朝毀教，率皆滅佛；北周武帝雖佛道並滅，然滅道非其本旨，隨卽恢復。當君臣專制時代，以帝王之尊，挾無限之大權，無人可與對抗，欲毀滅佛教，自是輕而易舉。然而佛教不能根本消滅，只能禁止於一時，北魏太武帝，北周武帝與唐武宗滅佛之後，佛教均不久卽行恢復。

北魏太武帝自太平眞君五年起開始滅佛，至高宗文成帝卽位下復法詔，其間不過八九年。而自太平眞君七年坑殺沙門後四年，鼓煽滅佛之崔浩卽被誅死；浩既誅死，太武帝對滅佛事亦頗爲後悔，唯其事已行，無可挽回。太子晃潛欲興之，而未敢明言。且於佛教廢毀之八九年中，「禁稍寬弛，篤信之家，得密奉事，沙門專至者，猶竊法服講習焉，唯不得顯行於京都矣」。及高宗文成帝卽位，乃下詔恢復佛教，謂「佛教能惠著生民，濟益羣品」，「釋迦如來功濟大千，惠流塵境」，當爲帝王所祗奉，「故前代以來，莫不崇尚，亦我國家所常尊事也」。至於長安僧寺藏有武器、財富、釀酒具等，乃是姦淫之徒假僧人名義，託於寺中，以結兇黨，而太武帝本令懲處其有罪者，並無滅佛之意，「有司失旨」，乃「一切禁斷」。滅佛既出於有司之過失，非太武之本意，故當恢復，「制諸州郡縣，於衆居之所，各聽建佛圖一區，任其財用……。其好樂道法，欲爲沙門，不問長幼，出於良家，性行素篤，無諸嫌穢，鄉里所明者，聽其出家，……」。因而佛教不久卽恢復舊觀（註四三）。

北周武帝於建德三年滅佛，越三年而崩，其繼體者，宣宗在位僅二年，不及有所措施，靜帝卽位不久卽禪於隋王楊堅（註四四）。楊堅生於佛寺，由尼撫養（註四五），及爲帝，自以其政治力量維護佛敎。是以佛敎於北周武帝時被禁不過三四年，終北周之世，亦不過六七年，後則復盛。

唐武宗於會昌五年滅佛，六年而崩，宣宗卽位，五月，依左右街功德使奏請，於上都兩街舊留寺四所外，更增設八所，並「勅旨依奏誅道士劉玄靖等十二人，以其說惑武宗，排毀釋氏故也」。至大中元年，「閏三月勅：會昌季年，併省寺宇，雖云異方之敎，無損致理之源，中國之人久行其道，釐革過當，事體未弘。其靈山勝境，天下州府應會昌五年四月所廢寺宇，有宿舊名僧，復能修創，一任住持，所司不得禁止」（註四六），「大復佛寺」（註四七）。自會昌五年至大中元年，其間相隔僅一年耳。

由上所述觀之，歷朝滅佛，雖令出必行，然均不數年，佛敎復又轉盛，並未因帝王之廢毀而消滅。究其原因，或有左列諸端：

其一、佛敎盛行已久，信仰者衆，無論其爲害爲利，均難由帝王與少數大臣，一旦舉而廢之。就其爲害言，誠如王夫之評唐武宗滅佛所云：「豈可以舉千年之積害，一旦去之，而消滅無餘哉」？「以一日矯千年之弊，以一君一相敵羣天下狂惑氾濫之情，而欲剷除之無遺，是鯀之湮洪水以止其橫流，卒不能勝者也」（註四八）。就其爲利言，人之信佛，上焉者，可於佛理上得超現世性之滿足；下焉者，可於亂世中得精神上之依歸。帝王大臣不能予人以此種滿足與依歸，又無以替代之，而欲以政治力量強予廢除，自難奏效。

其二、佛敎盛行既久，僧尼爲數甚衆。而爲僧尼者，誠有少數係出於眞正之信仰，然多數恐係由於貧窮、無依、惰游，或本係無賴之徒，一旦廢佛，勒令還俗，而不予妥善安置，必將使無所歸，而形成嚴重之社會問題。王夫之評唐武宗滅佛云：「勒二十萬僧尼使之歸俗，將奚歸哉？爲僧尼者，類皆孤露惰游無賴之罷民也，如使有俗之可歸，而晏然爲匹夫匹婦，以田爾田，廬爾廬，尙寧幹止也？則固十九不爲僧尼矣。一旦壓之，使無所往而得措其身，則合數十萬伏莽之戎，黠者很者，陰聚於霄旦，憤懣圖惟，謀岐途以旁出」（註四九），佛教之不能廢止消滅亦明矣。

其三、歷朝滅佛帝王，率皆崇奉道教，而受道教之徒鼓煽。北魏太武帝信崔浩之言，北周武帝信張賓之言，唐武宗信趙歸眞之言。信道而滅佛，則是「以邪止邪，非眞勝之道固也」（註五〇）。

王夫之以爲欲禁佛教，其法至易，蓋「浮屠之以扇動天下者，生死禍福之報應而已，則亦巫之幻出者而已。若其黠者，雜莊列之說，竊心性之旨，以與君子之道相競，而見道未審者惑之，然亦千不得一也。……取浮屠與巫者等，而以巫道處之，則天下固多信巫而不信浮屠者，其勝負相敵也。浮屠而既巫矣，人之信之也猶巫，則萬室之邑，其爲巫者凡幾？而人無愛戴巫如父母者，且猶然編戶征徭之民也。如此則浮屠熸矣」（註五一）。夫之以佛與巫等，乃出於對佛之誤解。實則佛與巫絕不相同，蓋巫者僅行法術，而無教義教理，佛則除法術外更有高深系統之教義教理，且以教義教理爲重，法術僅其末事耳。以此如以處巫之道處佛，固有人信佛猶巫，然而亦必有人信佛而異於信巫，欲人之「多信巫而不信浮屠者」，難矣。又夫之以爲將僧尼列籍，使納稅服役，「猶然編戶征徭之民，如此則浮屠熸矣」，是亦未必然也。乃因信仰本屬內心之事，不可禁止，外力之限制干涉不獨無法使之動搖，且常激之使其益加堅定。不過如能拋除禁佛之目的，不干涉僧尼之信仰，而在俗世上之待遇，對之與常人完全一視同仁，如夫之所謂「猶然編戶征徭之民」，則是一種合理而可行之法。今日吾國以至世界各國之對僧尼以及其他各教之教徒，卽係如此也。

第六章附註

註一　魏書卷一一四，釋老志。

註二　唐釋道宣，叙元魏太武帝廢佛法事，廣弘明集卷八。

註三　北史卷二，魏本紀第二，及魏書釋老志。

註四　魏書卷四下，世祖紀下。

註五　同註一。

註六　魏書世祖紀下，由「自王公以下」，與釋老志略同。

註七　同註一。

註八　同註四。

註九　余錫嘉，北周毀佛主謀者魏元嵩，輔仁學誌，二卷二期。

註十　釋道宣，叙列代王臣滯惑解上，廣弘明集卷六。

註十一　隋書卷一七，律曆志中。

註十二　釋道宣，叙周武帝集道俗議滅佛事，廣弘明集卷八。

註十三　周書卷四七，藝術褚該傳。

註十四　釋道宣，續高僧傳卷三五，衛元嵩傳。

註十五　同註十二。

註十六　釋道宣，叙列代王臣滯惑解下，廣弘明集卷七。

註十七　同註十。

註十八　同註十二。

註十九　周書卷五，武帝紀上。

註二十　同註十二。

註二十一　釋道宣，叙周武帝更興道法事，廣弘明集卷十。

註二十二　均見舊唐書一八上，武宗本紀。

註二十三　問沙汰釋李詔，廣弘明集卷二七。

註二十四　周釋曇積，諫周太祖沙汰僧表，廣弘明集卷二七。

註二十五　出汰佛道詔，廣弘明集卷二八。

註二十六　周書卷六，武帝紀下。

註二十七　釋道宣，叙釋慧遠抗周武帝廢佛教事，廣弘明集卷十。

註二十八　同註九。

註二十九　舊唐書卷一八上，武宗紀。

註三　十　孟子滕文公上。

註三十一　論語陽貨。
註三十二　廣弘明集卷二七。
註三十三　同註二十三。
註三十四　同註二十四。
註三十五　同註二十五。
註三十六　同註四。
註三十七　同註一。
註三十八　同註二十七。
註三十九　同註二十九。
註四　十　同註十。
註四十一　同註十二。
註四十二　同註九。
註四十三　同註一。
註四十四　周書卷八。
註四十五　隋書卷一，高祖紀上。
註四十六　舊唐書卷一八下，宣宗紀。
註四十七　新唐書卷八，宣宗紀。

註四十八　讀通鑑論，卷二六，唐武宗。
註四十九　同上。
註五　十　同上，王夫之評唐武宗滅佛詔。
註五十一　同註四十八。

第七章　結　論

晉南北朝隋唐之時，俗佛道之間相爭甚爲激烈，尤其佛徒與道徒，傾全力以爭，絕不退讓。其原因除第一章第四節所述佛道盛行，各謀生存發展，且影響深廣，與俗人傳統觀念不能相容外，其時無宗教自由之觀念，政治可干涉一切，帝王可依其好惡扶持某宗教或打擊甚至毀滅某宗教，亦當是原因之一。蓋各教於爭論中，如理屈詞塞，卽可能導致帝王之厭惡，而遭政治力之打擊也。

俗佛道間之辯論，雖云據理以爭，然究其實際，實在於爭生存，爭發展，爭勢力，而尤以佛道之間爲然。以此，故其爭論之點常有與理無關者，如彼此指責對方之行爲，假定對方有謀叛之企圖等是。由此觀之，於生存發展之緊要關頭，卽彼此之理可以相互融通，亦必仍有所爭。

佛道間之爭論既爲生存，爲發展，爲勢力，故其目的均在求勝，以獲得政治之支持，而非在求理之融通。加以宗教以信仰爲重，而信仰又往往在與不同信仰對抗時愈益堅定，愈堅定亦卽愈難融通。至於歷代之毀教，雖云可視爲俗佛道間由理論之爭而訴諸武力，本導源於見解之不同。然直接激發帝王毀教之行動者，實在於教徒行爲之不檢與帝王之經濟動機，非欲藉武力壓倒理論，故與教義教理實不相關。而其後相爭之所以緩和甚而終止者，乃因佛道已各有相當勢力，生存發展皆無問題，而當政者對宗教亦漸采中立態度，不加干涉，故無須懸求勝爲主要目的而全力以赴也。

就俗佛道相爭之理論本身而言，俗人所堅持維護者，如人皆當孝順父母，蓄養妻子，守君臣名分，敬拜王者，節約增產，盡納稅服役之義務，以及嚴夷夏之辨等，雖屬以儒家為主之傳統信念，無有新義，然於爭論中，得益加發揮，使之更嚴密，更充實。至於佛道之說，雖與吾國傳統信念多有衝突，而尤以佛教之說為然。然其所說，一則可使堅持傳統信念之俗人擴大眼界，二則可藉其辯難使吾國傳統信念益加彰顯。故理論似屬尋常，而事實仍具深義。

佛道之教與儒家思想大不相同，以父子君臣之義，出世入世之間，最為關鍵所在，而儒佛間之歧異尤為尖銳，加以華夷之辨，彼此絕難相容，然終至相安並行，糝雜融合，此乃由於吾國文化之包容精神與同化能力，致本來相背而激烈衝突之不同思想禮儀，皆變為吾國文化之成分，使吾國文化之內容更廣闊，更豐富，更充實；使吾國文化之生命更壯大，更清新，更活潑。

徵引文獻

弘明集：梁釋僧祐撰，臺灣中華書局四部叢刊本。
廣弘明集：唐釋道宣集，臺灣中華書局四部叢刊本。
全晉文（全上古三代秦漢三國六朝文內）：清嚴可均輯，王毓藻校刋，臺灣世界書局影印。
全梁文（全上古三代秦漢三國六朝文內）：清嚴可均輯，王毓藻校刋，臺灣世界書局影印。
全隋文（全上古三代秦漢三國六朝文內）：清嚴可均輯，王毓藻校刋，臺灣世界書局影印。
國語：清韋昭解，上海商務縮印明金李校刋本。
史記：藝文印書館影印清武英殿本。
漢書：藝文印書館影印清武英殿本。
後漢書：藝文印書館影印清武英殿本。
三國志：藝文印書館影印清武英殿本。
晉書：藝文印書館影印清武英殿本。
宋書：藝文印書館影印清武英殿本。
齊書：藝文印書館影印清武英殿本。

梁書：藝文印書館影印清武英殿本。
陳書：藝文印書館影印清武英殿本。
北史：藝文印書館影印清武英殿本。
北魏書：藝文印書館影印清武英殿本。
北齊書：藝文印書館影印清武英殿本。
北周書：藝文印書館影印清武英殿本。
隋書：藝文印書館影印清武英殿本。
舊唐書：藝文印書館影印清武英殿本。
新唐書：藝文印書館影印清武英殿本。
資治通鑑：司馬光撰，臺灣中華書局四部叢刊本。
讀通鑑論：王夫之，臺灣中華書局四部叢刊本。
大正新修大藏經：中華佛教文化館影印。
正統道藏：藝文印書館影印十二年上海商務印書館影印本。
抱朴子：晉葛洪著，臺灣世界書局影印。
高僧傳：梁釋慧皎撰，海山仙館叢書，道光丁未刻版。
續高僧傳：唐釋道宣撰，中華佛教文化館印影印大正新修大藏經及日本印大藏經內均有。

論語集註（四書集註內）：臺灣世界書局影印。
孟子集註（四書集註內）：臺灣世界書局影印。
左傳正義（十三經注疏本）：臺灣啓明書局影印粹芬閣藏版。
公羊傳疏（十三經注疏本）：臺灣啓明書局影印粹芬閣藏版。
戰國策校注：上海商務印書館縮印元至正刋本。
韓非子集解：淸王先愼撰，臺灣世界書局影印。
賈子新書：賈誼撰，臺灣世界書局影印。
鹽鐵論：桓寬撰，臺灣世界書局影印。
論衡集解：王充撰，劉盼遂集解，臺灣世界書局影印。
李文公集：唐李翺撰，臺灣中華書局四部叢刋本。
太平御覽：宋李昉等撰，臺灣新興書局影印。
中國宗教思想史大綱：王治心著，臺灣中華書局印行。
中國道教史：傅家勤著，臺灣商務印書館印行。
道家與神仙：周紹賢著，臺灣中華書局印行。
漢魏兩晉南北朝佛教史：臺灣商務印書館影印。
佛教紀年抉擇譚：釋印順著，正聞學社出版。

飲冰室合集第十四冊：梁啓超著，上海中華書局印行。

中國文化要義：梁漱溟著，香港廣文書局印行。

水滸傳與中國社會：薩孟武著，三民書局印行。

道家思想與道教：許地三，燕京學報第二期。

佛教與中國文化：顧敦鍒，學術季刊二卷二期。

北周毀佛主謀者衞元嵩：余嘉錫，輔仁學誌二卷二期。

中華社會科學叢書

晉南北朝隋唐俗佛道爭論中之政治課題

作　　者／孫廣德　著
主　　編／劉郁君
美術編輯／鍾　玟

出 版 者／中華書局
發 行 人／張敏君
副總經理／陳又齊
行銷經理／王新君
地　　址／11494 臺北市內湖區舊宗路二段181巷8號5樓
客服專線／02-8797-8396　　傳　　真／02-8797-8909
網　　址／www.chunghwabook.com.tw
匯款帳號／兆豐國際商業銀行　東內湖分行
067-09-036932　中華書局股份有限公司

法律顧問／安侯法律事務所
製版印刷／維中科技有限公司　海瑞印刷品有限公司
出版日期／2017年7月再版
版本備註／據1972年5月初版復刻重製
定　　價／NTD 300

國家圖書館出版品預行編目（CIP）資料

晉南北朝隋唐俗佛道爭論中之政治課題/孫廣德著.
— 再版. — 臺北市 : 中華書局, 2017.07
面 ; 公分. — (中華社會科學叢書)
ISBN 978-986-94907-8-8(平裝)

1.中國政治思想 2.東晉

508　　106008342

NO.F6007
ISBN 978-986-94907-8-8（平裝）